전통과 모던의 균형, 일본 건축

함께 걷는 건축 여행,
일본 간사이로 가자

| 만든 사람들 |
기획 인문·예술기획부 | **진행** 한윤지·윤지선 | **글·사진** 이다경 |
편집·표지디자인 D.J.I books design studio

| 책 내용 문의 |
도서 내용에 대해 궁금한 사항이 있으시면
저자의 홈페이지나 J&jj 홈페이지의 게시판을 통해서 해결하실 수 있습니다.
제이앤제이제이 홈페이지 www.jnjj.co.kr
디지털북스 페이스북 www.facebook.com/ithinkbook
디지털북스 카페 cafe.naver.com/digitalbooks1999
디지털북스 이메일 digital@digitalbooks.co.kr
저자 이메일 janet.dk.lee@gmail.com

| 각종 문의 |
영업관련 hi@digitalbooks.co.kr
기획관련 digital@digitalbooks.co.kr
전화번호 (02) 447-3157~8

※ 각 글의 마지막에 수록된 참고 문헌은 저자의 필드 페이지에 들어가시면 쉽게 볼 수 있습니다.
  feeeld.com/my/datsukoya

전 통 과 모 던 의 균 형 , 일 본 건 축

함께 걷는 건축 여행,
일본 간사이로 가자

글·사진 이다경

Contents

02 교토

03 효고

효고 1일차 오전 : '고베'에서 다시 한 번 안도 다다오를 외치다

효고 1일차 오후 : 고베 옆 '아와지섬'으로 살짝 벗어나다

효고 2일차 : '히메지'에서 자연과 역사를 느끼다

에필로그

한국에게 일본이란, 나에게 일본이란.

일본은 한국에게 있어서 애증의 대상이다. 중국을 포함해 동아시아 안에서 역사·정치적인 문제로 매번 많이 다투고, 정치를 제외하고도 스포츠나 예술 분야에서까지 '한일전'이라는 말을 써가면서 한국과 일본의 대결을 부추긴다. 그렇지만 다른 대륙의 나라와 비교하면 한국, 일본, 중국의 문화가 서로 얼마나 비슷하고, 서로에게 크나큰 영향을 미쳐 왔는지도 자연스레 알게 된다. 우리나라의 입장에서 일본은 어떻게 보면 오랫동안의 숙적이지만, 알고 지낸 시간이 너무나 긴 나머지 서로가 서로를 닮아가고 있다. 결국 일본은 우리에게서 뗄래야 뗄 수 없는 존재가 되어버린 것이다.

내가 일본에 관심이 생긴 이유는 다른 사람들과 크게 다르지 않다. 초등학생 때 만화 채널인 투니버스에서 방영하던 나루토라는 만화 때문이다. 당시 대부분의 일본 만화는 '신노스케'를 짱구로, '노비타'를 '노진구'라는 식으로 일본 이름을 한국식으로 바꾼다던지, 만화 주제가를 새로 만들어 한국어로 부르는 등 최대한 한국에 맞게 현지화했다. 매일매일 그런 만화들을 보던 나는 당연히 한국에서 만들어진 만화라고 생각했었다. 그러나 나루토에서 한국에서는 찾아볼 수 없는 닌자가 등장해 기술을 쓴다는 일본 문화의 극치인 설정을 보고 '아니, 도대체 어느 나라 만화이길래 저렇게 이상하지?' 싶어 검색한 결과, '일본'이라는 나라에 대해서 처음 알게 되었다. 그 사실을 안 뒤로부터 나도 모르는 사이에 나와 일본의 긴 인연이 시작되었던 것이다.

일본을 좋아하는 건 그렇다고 치자. '왜 일본에 건축을 배우러 갔니?' 라는 질문에 한 문장으로 대답하자면, '일본의 근대 건축물, 특히 안도 다다오의 건축이 좋아서요.' 라고 말할 것이다. 진로 선택을 해야 하는 고등학생 시절, 도서관에서 우연히 읽은 일본 근대 건축 도감이 나를 건축학도의 길로 안내했다. 단게 겐조의 도쿄 도청, 구로카와 기쇼의 나카긴 캡슐 타워, 안도 다다오의 스미요시 주택! 일본 건축가들의 거대한 스케일, 대담한 건축 양식에 압도된 나는 그들과 같은 멋진 건축물을 짓는 멋진 건축가가 되고 싶다는 생각에 20살에 일본 대학 건축학과로 입학했다.

'단순히 책으로만 봐도 건축물이 이렇게 압도적인데 실제로 보면 어떨까?' 이게 바로 내가 건축 여행을 시작하고 고집하게 된 계기다. 솔직히 '누구 설계, 무슨 구조, 몇 년도 완공, 무슨 건축적 장치' 등 문장으로 읽어도 눈에 하나도 안 읽혔다. 몇 번의 당일치기 건축 답사를 해본 결과, '책으로 읽어서 외우는 게 아닌, 직접 가서 느끼는 게 참된 건축 아닐까?'라는 생각에 건축물을 피부로 느끼기 시작했다.

건축 여행을 실천에 옮긴 것은 같은 간사이 지방의 나라 현에 사는 친구로부터 놀러오라는 얘기를 들었을 때였다. '좋아, 그럼 친구를 보러가는 김에 안도 다다오 건축도 보는 거야.' 그렇게 나는 8월 한여름에 건축을 위한 첫 여행을 떠났다. 그리고 시간이 흐른 지금도 틈틈이 시간을 내서 새로운 건축가와 건축물을 찾으러 건축 여행을 떠난다. 글로 잘 정리된 지식보다는 여행이라는 활동이 나에게는 더 값진 교과서가 된 것이다.

그리고 건축과 여행에 대한 책을 적기 시작한 지금, 책을 읽고 있는 여러분들에게 건축학도에게 '여행'이라는 경험이 얼마나 중요한지에 대해 직접적으로 알려주고 싶다. 책이라는 매체보다 여러분의 오감이 훨씬 더 그 나라를, 그 건축물을 느끼는 데에 효과적일 것이다. 견문을 넓히기 위해서 일단 어디든 떠나보자. 그곳이 집 근처이든, 아니면 멀리 외지이든 상관없다. 떠나서 일단 느껴보자. 그리고 그곳이 일본이고 그중에서도 간사이 지방이라면, 이 책이 여러분에게 조금의 도움이 되었으면 좋겠다.

일본 건축은 도대체 무엇인가?

　건축학과에 입학하고 몇 년간 일본 유학 블로그를 운영하면서, 어느 순간부터인가 매주 1, 2건은 으레 일본 건축 관련으로 상담이 올 정도로 한국인들의 일본 건축에 대한 관심이 높아졌다. 그리고 유명한 건축 사이트인 '아키데일리(Archdaily)'에도 일본 건축이 많이 소개될 정도로, 세계적으로 많은 사람들이 일본 건축을 주목하고 있다. 도대체 왜, 일본 건축은 인기가 많아졌을까? 내 주관적인 의견이지만 학부생부터 석사과정인 지금까지 일본에서 건축을 공부한 건축학도로서 이 물음에 답해보고자 한다.

　첫 번째 이유는 일본 건축이 예술적인 면뿐만 아니라 기술 및 공학적인 면도 중요하다고 강조하고 있기 때문이다. 일본은 건물이 부서질 정도의 커다란 지진이 많이 일어난다. 그리고 이런 점 때문에 일본 건축은 내진 설계 등 구조적인 방향으로 발전을 이루었다. 얼마 전 우연찮은 기회로 일본 내 대형 건설회사의 기술 연구소를 방문한 적이 있다. 내진 설계나 풍하중, 건축물 재질 연구 등 한 번 실험할 때마다 '억' 소리 나는 가격임에도 불구하고 구조 실험을 강행하는 것을 보고, 이러한 기술을 바탕으로 건축물을 지으면 당연히 세계적으로 으뜸이 될 수밖에 없겠다고 인정하게 되었다. 일본 내학 건축학과는 건축학과 건축공학을 나누지 않고 공학과 예술을 같이 배우면서 구조의 중요성을 학생 때부터 각인시킨다. 자연스레 구조적인 요소는 살리면서 설계를 하니 디자인도 좋고 튼튼한 건물을 지을 수 있는 것이다.

대학 학부생 시절 공사현장 답사

두 번째는 일본의 '장인 정신(職人精神)'이다. 수십 년이고 수백 년이고 묵묵히 전통을 지켜오면서 자랑스럽게 물건을 만드는 정신이야말로 일본을 크게 지탱해 온 힘이다. 그리고 오랜 기간 한 사람의 몫을 해낼 수 있다고 생각될 때까지 수련을 거쳐 인정을 받는 시스템 또한 일본인들에게 인내와 끈기라는 성격을 심어주었다. 이러한 장신 정신은 일본 사람들 속에 깊이 내재되어 있고, 건물을 '만드는' 건축업계에서도 당연히 그 정신을 찾을 수 있다. 한 건축업계 사무실에서 한 사람의 몫을 해낼 수 있을 정도로 성장하기까지 거쳐야 하는 실무 기간은 10년이라고 한다. 아무리 회사에서 직급과 연봉이 올라가더라도 10년이 되기 전까지는 한 사람 몫을 할 수 없다고 여기는 것이다. 그래서 건축업계에 종사하는 사람들은 건축이라는 학문을 생각하고 고찰하며, 끊임없이 자신의 스타일을 갈고 닦는다. 이런 부단한 노력이 바로 건축업계의 장인 정신이지 않을까. 10년이나 자신의 스타일을 구축하기 위해 노력을 했으니, 당연히 그 결과물은 독보적이고 빛날 수밖에 없는 노릇이다.

마지막으로 세계적으로 유명한 일본의 건축가 역할도 클 것이다. 건축계의 노벨상이라고 불리우는 프리츠커 상[1] 수상자가 일본에만 해도 5명, 그리고 1팀이나 있으니 일본인 건축가는 자연히 세계적으로 관심을 받게 된다. 나 또한 안도 다다오를 동경해서 일본 대학 건축학과에 진학했고, SANNA나 쿠마 켄고 등 유명한 일본인 건축가들을 좋아하거나 그들의 작품을 실제로 보고 싶어 일본에 건축 여행을 오는 사람이 내 주위에도 너무나 많다. 한국 여느 도서관에 가도 건축 관련 책장 중 하나가 일본 건축가를 위한 칸일 정도로, 일본 건축가는 상상 이상으로 많은 건축학도에게 영향을 끼치고 있다. 이렇게 건축계에서 성공한 선구자가 있기 때문에 많은 건축학도들이 그들을 보고 차세대 건축가들이 꿈을 키울 수 있는 것 아닐까.

건축은 그 나라의 문화를 담는 가장 큰 그릇이라고 많이들 말한다. 프랑스 건축법 제 1조에서 'L'architecture est une expression de la culture.(건축은 문화의 표현이다)'라고 처음부터 언급하고 있듯, 건축물을 자세히 들여다보면 그 건축물이 위치한 장소와 지어진 시대 상황 등 다양한 사실들을 포함하고 있는 것을 알 수 있다. 나에게 있어서 일본에서 건축을 공부한다는 것은 일본의 문화적인 특성을 알아가는 과정이었다. 그와 동시에 일본 문화를 알게 되니, 일본 건축이 조금씩 눈에 들어오면서 어느 정도 일본 건축을 이해할 수 있게 되었다.

---

1 1979년부터 매년 하얏트 재단이 건축에 중요한 기여를 하고 생존해 있는 건축가에게 수여하는 상이다. 일본인 수상자로는 단게 겐조(1987), 마키 후미히코(1993), 안도 다다오(1995), SANAA(2010), 이토 토요(2013), 반 시게루(2014)가 있으며, 미국과 함께 세계에서 가장 많은 프리츠커 상 수상자를 배출했다.

본격적인 일본 건축 여행 준비하기!

건축과 여행, 두 마리 토끼를 한꺼번에 잡기 위해서는 구체적이고 확실한 동선이 필요하다. 발길 닿는 대로 여행하는 스타일이라면 그 방식도 나름대로 좋겠지만, 시간과 돈을 투자해서 여행하는 만큼 어느 정도 동선을 짜는 걸 추천한다. 그 다음은 자유. 미리 역사와 건축 책을 사서 공부해도 좋고, 갔다 오고 나서 여행을 회상하며 문화를 찬찬히 알아가도 좋다. 나는 여행의 추억을 떠올리는 것을 좋아하기 때문에 후자를 더 선호하지만, 성격에 따라 선택하면 되겠다. 여행을 준비하는 과정에서 가장 중요한 것은 그곳에서 어떤 일이 벌어질지 생각하면서 여행을 기다리는 것. 고대하며 기다리는 것부터가 진정한 여행이다.

먼저 여행 계획을 짜보자. 몇날 며칠에 어디로 떠날지, 건축이 주요 테마라면 어떤 건축을 보러 가는지, 무엇을 제일 하고 싶은지 등. 우선순위를 하나하나 짚어나가 보자. 우선순위가 정해진다면 순서를 각각 맞춰 나간다. 요즘 시간을 내기 힘든 나는 시간을 먼저 정하기로 한다. 2월 중순에 방학이 시작하고 4월에 다시 학기가 시작되니 3월달이 딱 맞겠다. 때마침 빛의 교

도톤보리 입구. 사진제공 : 장현주

회 견학 날짜도 3월 4일로 잡혔으니 딱 좋은 듯하다. (빛의 교회 견학에 관해서는 후에 자세히 설명하겠다.) 그렇다면 3월 내에 1~2주 정도 길게 여행을 떠날 계획을 세워본다.

다음은 간사이로 가는 교통편이다. 한국에서 간사이로 가는 방법은 당연히 비행기나 배겠지만,[2] 내 거점인 도쿄에서 간사이로 가는 방법은 크게 3가지가 있다. (일본의 다른 지방에서 간사이로 갈 사람은 주목하자.) 먼저 우리나라의 KTX 같은 신칸센(新幹線)을 이용하는 것이 제일 간단하고 빠르게 간사이로 가는 방법이지만 가난한 여행자에게는 가격이 다소 부담스럽다. 그렇지만 정 신칸센을 이용하고 싶다면, JR패스를 사서 히카리 열차를 타

---

2 비행기편은 인천에서 간사이 국제 공항까지 매일 25편 이상, 비행시간은 1시간 45분이고, 배편의 경우는 부산에서 오사카까지 주 3회로 도착지까지 약 19시간이 걸린다.

도톤보리 강가. 사진제공 : 남현주

는 것을 추천한다. JR패스는 외국 관광객이 일본에서 누릴 수 있는 특권으로, 아무 시간대나 신칸센을 탈 수 있다.[3] 그다음은 야간버스이다. 2천 엔부터 조금 좋은 것을 타면 7~8천 엔까지, 저렴하게 여행을 하고 싶은 나에게 최적의 교통수단이지만, 버스 안에서 불편하게 10시간 정도 밤을 지내야 한다. 마지막으로 국내선 비행기가 있다. 오사카까지의 이동 시간만 따지자면 제일 빠르지만, 가격도 가격이거니와 공항에 가는 시간, 체크인하고 수속 밟는 시간, 내리고 나서 공항을 빠져나오는 시간까지 생각하면 사실 만만치 않다. 그래도 여느 비행기 표와 마찬가지로 미리 사놓으면 다른 교통편보다 싸고, 때에 따라서는 몇 천 엔짜리 특가로 나오는 경우가 있으니 참고해놓자.

숙소는 개인적으로 난바, 니혼바시, 신사이바시 지역에 위치한 숙소들을

---

3 7일권, 14일권, 21일권이 있으며 7일권의 가격은 29,110 엔이라고 하니, 신칸센으로 오사카를 제외한 일본 지역을 관광하는 사람들에게 추천한다.

추천한다. 오사카를 상징하는 '글리코'가 있는 관광지인 도톤보리가 있어 볼거리와 먹거리가 가득하고, 간사이 공항이나 다른 지방으로 갈 때 환승 없이 갈 수 있는 교통의 요지이기 때문이다. 외국인 관광객을 위한 값싼 숙소도 많으니 여행객을 위한 동네라고 말해도 과언이 아닐 것이다. 그리고 이 책의 모든 루트 또한 난바 역을 시작점으로 하고 있기 때문에 이 책을 참고하며 여행하는 여러분은 난바에 숙소를 잡는 것이 여러모로 편리할 것이다.

이번에는 간사이 내 교통편에 대해서 알아보자. 여러 관광지나 건축물을 보기 위해 우리는 지하철을 굉장히 많이 이용하게 될 것이다. 그러기 위해서는 우리에게 맞는 '교통 패스'를 사는 것이 이득이지 않을까 싶다. 사실 일본에 사는 나는 교통 패스를 살 수 없다. 즉 외국 관광객일 독자 여러분의 특권일뿐만 아니라 관광지에 따라 패스 소지자에게 입장료를 할인해주거나 무료 입장이 가능한 곳도 있다. 간사이 지방 대부분을 돌아볼 수 있는 간사이 스루패스(2018년 3월 기준 2일권 4,000 엔, 3일권 5,200 엔), 오사카 중심으로 만든 오사카 주유패스(2018년 3월 기준 1일권 2,500 엔, 2일권 3,300 엔)을 포함해 긴테츠 선을 사용해서 만든 긴테츠 레일 패스 등이 있다. 교통 패스들이 셀 수 없을 정도로 많지만, 관광객들은 주로 오사카 주유패스를 구매하는 편이다. 교통 패스는 한국 여행사를 통해서 구매할 수 있으니 여행 전에 미리 준비하자. 또 오사카 시내만 돌 수 있는 주유패스보다, 일본에서 구매 가능한 확장판은 갈 수 있는 곳이 더 다양하다. 본인의 여행 일정에 따라 선택하면 된다.

일본에 사는 내가 드릴 수 있는 꿀팁은, 한여름의 오사카는 피해야 한다는 것. 정말 덥다. 더운 것을 넘어서서 일본 전체가 정말 습하다. 여름에 오사카에 가게 되면 휴대용 선풍기를 하나씩 챙기자. 그리고 구글맵이 정말 유용하게 쓰일 것이다. 이동하는 교통편이나 가까운 편의시설 같은 정보를 모두 보여주니, 구글맵만 있으면 여행하기 정말 간편할 것이다. 한국어에서 일본어로의 번역은 쉬운 편으로 번역기를 돌리기만 해도 충분히 말이 통하니, 여행 시작 전에 번역 어플을 꼭 설치하도록 하자.

마지막으로 여행 중에서 제일 중요한 것은 자신감. 처음 가는 곳이더라도 한번 와본 것 마냥 당당하게 걸어다니면 위험한 사람들이 알아서 길을 피할 것이다.

대충 이정도면 세세한 여행 계획을 세우기 전의 모든 것은 끝났다. 이제 우리에게 남은 것은 간사이에서 새로운 사람들을 만나고, 새로운 건축을 보고, 새로운 음식을 먹고, 새로운 문화을 체험하기 위해 떠나는 일이다. 그렇다면 여러분, 우리 간사이에서 만납시다. 모두 良いお旅を!(요이오타비오 / 즐거운 여행 되세요!)

*매번 여행을 떠나기 전에 항상 무언가 빠지지 않았나 고민을 하게 된다.

그런 사람들을 위해서 기본적인 리스트를 만들어 봤으니 다들 참고해보자!

서류	여권, 여권 사본 항공권(E티켓) 숙소 및 각종 바우처 교통 패스 신분증(국제학생증4) 여행자 보험 서류 현금 및 카드	옷, 잡화	옷 속옷 잠옷 양말 잡화(모자, 선글라스)
전자기기	카메라 충전기 보조 배터리 멀티탭 110V 플러그 유심칩, 포켓와이파이 USB 메모리	생활용품	비상약 세면용품 화장품 수건
		기타	옷걸이 휴대용 가방 지퍼백 동전지갑 공책, 볼펜

---

4 학생임을 증명하는 신분증으로, 관광지에 따라 국제학생증 소지자에게 입장료 할인 등의 혜택을 주는 경우가 있으니 발급 받아두면 유용하게 사용할 수 있다.

-1-

오사카

おおさか

오사카 1일차

평범한 여행 중에 만나는 건축

간사이, 그중에서도 오사카는 '건축'이라는 테마로 한정하더라도 볼거리가 너무나 많은 곳이다. 이번 장에서는 간사이 여행을 즐기는 도중에 필연적으로 만나게 될 유명한 오사카 관광지의 건축물에 대한 이야기를 하고자 한다. 물론, 모든 여행이 그렇듯 테마가 없어도 즐길 수만 있다면 장땡이다. 굳이 건축만을 위해서 여행을 떠날 필요는 없는 것이다. 특히 여행 첫날부터 최대한 많은 건축물에 접해보려고 여러 장소를 찾아다니면서 고생할 필요는 없다. 테마에 얽매이기보다 여행을 있는 그대로 즐기고, 여행 도중 만나는 건축물에게 인사만 하는 정도로만 즐겨 보자.

여행은 언제나 설렌다. 새로운 공간에서 새로운 사람들을 만나면서 새로운 경험을 쌓을 수 있는 것은 쉽게 얻을 수 있는 기회가 아니니까. 이러한 두근거림은 공항에 도착하면 증폭되기 시작한다. 특히 떠나는 비행기를 탔을 때의 설렘은 이루 말할 수 없을 것이다. 비행기 안에서는 전날 밤을 새서 잠을 청하는 사람도 있을 것이고, 여행 책자를 꺼내서 읽고 있는 사람도, 일처리 때문에 컴퓨터를 가지고 작업하는 사람도 있을 것이다. 그렇지만 우리는 모두 '일상에서 느끼지 못하는 무언가를 경험하기 위해' 여행을 떠난다.

간사이 여행의 첫 관문,
간사이 국제공항(関西国際空港)

위치
오사카 부 이즈미사노 시(大阪府泉佐野市)
설계
렌조 피아노
준공
1994년

　대부분 해외여행의 시작은 비행기가 공항에 도착하고 나서부터이다. 공항 내부에서 처리해야 하는 귀찮은 입국 심사나 수화물 찾기를 끝내고 출구로 나가기만 하면, 학수고대하던 다른 세상이 펼쳐질 것을 우리 모두 알고 있다. 특히 이번 여행은 오사카 시내에서 만날 새로운 문화나 건축물 덕분에 더욱 설레고, 어서 공항에서 벗어나고 싶은 마음이 물씬 든다. 그렇지만 다시 한 번 곰곰이 생각해보면, 우리는 모두 '공항'이라는 시설을 그 나라에서 가장 먼저 사용하고 있다는 것을 깨닫는다. 이처럼 공항은 한 나라의 첫 관문이라는 중요한 직책을 맡고 있는 것과 다름없다. 이번 간사이 여행의 첫 관문인 '간사이 국제공항'은 공항 설비나 서비스를 평가하는 'Airport of the Year 2006'에서 세계 4위를, 20세기 10대 프로젝트를 뽑는 'Monuments of Millennium'에서 공항 설계 및 개발 부문에 선정되는 등 자타공인 일본 최고의 공항이라고 말할 수 있다. 그렇다면 이러한 첫인상을 만들기 위해 어떠한 노력을 했을까?

　간사이 국제공항(関西国際空港)은 일본 최초의 24시간 운용 가능한 국제·국내선 병용 공항이다. 1964년 해외여행의 자유화로 인해 항공편이 급격하게 많아지면서 오사카 시내에 있던 오사카 국제공항(별칭 이타미 공항, 伊丹空港)만으로 수요를 감당할 수 없던 일본은 제2의 오사카 국제공항을 건설하기로 결정했다. 계획이 한창 진행되던 1970년대 당시 국내선의 제트화가 진행되면서, 기존 오사카 국제공항의 소음 등 환경문제가 대두되고 있었다. 따라서 제 2 오사카 국제공항 건설에는 이러한 점들을 해결할 수 있는 부지가 필요했다. 결국 시내나 외곽 지방에서 문제가 되지 않는 부지를 찾지 못한 정부는 오사카 센슈 지방의 바다를 매립해서 공항을 건설하기로 결정하였다. 매립을 준비하면서 깊은 수심이나 연약한 지반이 당시에도 크게 문제시 되었는데, 비슷한 규모와 환경에서 이렇게 단기간에 매립을 진행하는 케이스는 거의 없었기 때문이다. 따라서 매립지의 지반 침하가 일어나지 않도록 만반의 대비를 하고 매립을 진행했다. 'Monuments of Millennium' 공항 부문에 선정된 것도 이러한 매립 과정에서의 철저한 계획이 크게 적용되었다. 결과적으로 1987년, 515 헥타르(515만 제곱미터)를 매립한 부지 위에 세워진 간사이 국제공항은, 1994년 간사이 지방의 중요한 공항 시설로 자리매김하게 되었다.

공항 시설 중 제 1터미널 빌딩은 당시 국제 설계 공모전에서 우승한 이탈리아의 건축가인 렌조 피아노[1]가 담당했다. 그의 설계를 바탕으로, 구조적인 설계는 호주의 시드니 오페라 하우스의 다이나믹한 구조를 완성한 영국의 오브 아럽 구조 디자인 회사가 담당했다. 마치 새가 날개를 펴고 섬에 앉아있는 듯한 모양의 독창적인 평면을 바탕으로, 1.7km의 긴 건물을 비행기

---

1 렌조 피아노(Renzo Piano)는 이탈리아의 건축가로 1998년 프리츠커 상을 수상했고, 하이테크 건축의 거장이라고 일컬어진다. 또 다른 대표작으로는 프랑스의 퐁피두 센터가 있다.

의 날개를 모티브로 한 커다란 커브형 지붕이 덮고 있는 것이 특징이다. 물론 건물 자체가 양쪽으로 길게 뻗어 있기 때문에 양 끝을 왕복하기에는 다소 무리가 있지만 말이다. 공간을 개방적으로 사용하고 빛이 잘 들도록 하기 위해 유리를 많이 사용해서 온실 효과에 대한 우려가 있었지만, 유리 밑에 셸을 한 층 더 덧댄 더블 스킨 시스템으로 실내의 공기 순환을 막힘없이 처리하고 있다. 렌조 피아노의 하이테크를 기반으로 한 멋진 설계가 일본의 바다를 매립시키는 토목 공학과 만나면서 정말 말 그대로 20세기 최고의 공항을 만들어낸 것이다.

더블 스킨 시스템으로 처리한 공항 내부

　간사이 국제공항에서 오사카 시내로 나가는 방법은 여러 가지가 있다. 각자가 가지고 있는 패스와 여행 일정에 따라 교통수단은 바뀌겠지만, 이 책에서는 JR특급 하루카(HARUKA)와 난카이 특급 라피트(rapi:t)에 대해서 간단히 설명하려고 한다. 만약 최종 목적지가 신오사카나 교토 방면이라면 하루카(신오사카까지 약 49분, 교토까지 약 1시간 18분 소요)를, 난바라면 라피트(약 40분 소요)를 이용하는 것을 추천한다. 하루카는 편도 1,300~1,600 엔, 라피트는 특급권 편도 1,270 엔이면 오사카 시내로 나갈 수 있다. 오사카 시내에서 간사이 국제공항으로 들어갈 때, 대부분의 사람들은 무리 없이 공항으로 무사히 돌아가 여행을 마칠 것이다. 그렇지만 돌아가는 열차가 공항이 아닌 전혀 다른 '와카야마'로 잘못해서 갈 수 있기 때문에, 돌아가는 열차를 타고 나서도 어느 정도 긴장을 늦추지 말자!

간사이 국제공항은 여행의 첫 관문이자 마지막 관문이다. 또한 다른 관광지에 비해 오랜 시간 그 공간에 머물게 될 것이다. 그 말인즉슨 건축물 하나를 탐방하기에는 충분한 시간이 존재한다고 받아들여도 괜찮지 않을까? 이 글을 토대로 모든 수속을 다 끝낸 상태에서, 렌조 피아노의 하이테크 건축과 일본의 토목 공학을 찬찬히 느끼며 간사이 국제공항에서 시간을 보내기를 바란다.

무작정 걸어도 색다른 쇼핑몰,
난바 파크스(なんばパークス)

위치
오사카 부 오사카 시 나니와 구 난바나카 2-10-70(大阪府大阪市浪速区難波中二丁目10番70号)
설계
존 저디, 오바야시구미, 닛켄셋케이
준공
2003년(제1기) / 2007년(제2기)

자, 공항에서 무사히 나왔다면 숙소나 코인 락커에 짐을 맡기고 이제 오사카 시내로 나가보자. 오사카 성이나 우메다, 신사이바시와 같은 관광지를 찬찬히 둘러보고 나면, 쇼핑을 빼놓을 수 없다. 난바에서만 볼 수 있는 신기한 쇼핑몰을 구경하고 싶다면 당장 난바 파크스로 향해 보자. 물론 쇼핑이 목적이 아니더라도, 난바 파크스는 건물 자체로 훌륭한 건축물이다. 난카이 난바 역(南海難波駅)에서 직통으로 연결되어 있고 일반 메트로 난바 역(なんば駅)에서도 걸어서 10분이면 도착하는 이 쇼핑몰에 한 번 방문하게 되면, 저절로 '억' 소리가 나오게 될 것이다.

난바 파크스(なんばパークス)는 '미래도시 나니와도시'라는 컨셉으로 난바지구 재개발 계획에 따라 기존의 오사카 야구장을 헐고 재건축한 것이다. 지금의 건축물은 일본 최고의 건설회사 중 하나인 오바야시구미(大林組), 일본을 대표하는 설계사무소인 닛켄셋케이(日建設計), 그리고 미국 출신 건축가인 존 저디(John Jerde)가 힘을 합쳐 만들어냈다. 난바 파크스에 대해서 설명하기 전에 건축가 존 저디에 대해서 간단히 소개하고자 한

다. 존 저디는 미국 캘리포니아에 있는 서던 캘리포니아 대학교 건축학과를 졸업했으며 1977년 설계사무소 Jerde Partnership을 설립했다. 특히 상업 건축에서 두각을 보이고 있으며(우리가 잘 아는 롯폰기힐즈(六本木ヒルズ)나 캐널시티 하카타(キャナルシティ博多) 또한 저디의 설계다), '체험 건축'이라는 독특한 건축 철학을 내세우고 있다. 이는 사람들의 경험을 바탕으로 건축이 탄생한다는 뜻인데, 건축물 자체의 디자인에 중점을 두는 게 아닌 건축물 사이에 있는 틈새 공간에 주목해서 사람들의 경로를 디자인하게 되는 것이다.

난바 파크스를 보게 되면 존 저디의 상업 건축에 대한 철학이 와닿을 것이다. 일단 건물의 외관은 미국의 그랜드 캐니언을 모티브로 삼고 있다. 벽면 부분은 마치 시간에 따라서 쌓인 지층과 같은 느낌을 준다. 그 지층 사이를 걸으면 지루할 수도 있는 이동 시간을 좀 더 재밌고 유익하게 보낼 수 있지 않을까 싶다. 그리고 난바 파크스의 외부는 마치 복잡한 도시 안에 있는 휴식 공간처럼 자연 환경을 담아 굽이치는 숲의 형태로 디자인되었다. 건물의 약 절반 크기인 약 11,500㎡의 옥상정원은 약 500종의 나무와 꽃 10만 그루가 자라고 있으며, 도시의 가운데 있는 숲처럼 사람들이 숨 쉴 수 있는 공간을 제공한다. 저디가 바라던 것처럼 사람들에게 도시에서 체험할 수 없는 여러 공간을 이 난바 파크스를 통해 제공하려는 의도가 보인다.

게스트 하우스 가까이에 위치해 있다는 이유로 길고 길던 여행 중에 난바 파크스에 자주 방문했다. 밥 먹거나, 옷을 사거나 산책 삼아 들렀다. 그럴 때마다 나는 같은 장소에서도 다양한 사람들이 여러 경험을 하는 것을 목격했다. 그때마다 나는 저디가 내세웠던 '건축물이 아닌 사람들의 경로를 디자인한다' 라는 의미를 확실히 이해할 수 있었다. '장소를 만드는 것은 건축물이 아닌 사람이다.' 저디 파트너십의 의도대로, 시간이 흐르면서 새로운 지층이 쌓이듯 난바 파크스를 방문한 사람들은 벽과 공원 사이를 걸으며 시시각각 새로운 경험을 맞이하고 있었다.

오사카의 랜드마크에서 야경을,
우메다 스카이 빌딩(梅田スカイビル)

위치
오사카 부 오사카 시 기타 구 오요도나카 1-1(大阪府大阪市北区大淀中1-1)
설계
하라 히로시
준공
1993년

하루 종일 이곳저곳 돌아다니면서 잘 놀았다면, 이제 오사카의 야경을 볼 차례다. 워낙 고층 빌딩이 즐비한 오사카여서인지, 밤에 빌딩에서 흘러나오는 불빛을 넌지시 지켜보고 있으면 하루의 피로가 풀리는 느낌이다. 오사카에서 가장 높은 야경 스팟인 하루카스300이나 오사카의 랜드마크인 헵 파이브 대관람차 등 오사카에는 다양한 야경 스팟이 있지만, 나는 오사카에서 가장 클래식한 장소인 우메다 공중 정원이 있는 '우메다 스카이 빌딩'으로 향했다. 또 이곳은 매년 10월에 일본 내 건축학과 2,3학년들의 공모전인 건축신인전(建築新人戦)이 열리는 장소이기에 일본에서 공부하는 건축학도라면 한 번 씩은 들어본 장소이기도 하다. 나는 교환학생 때 관광 가이드를 할 정도로 새로운 사람을 만나서 이곳저곳을 소개하는 것을 좋아한다. 또 오랜만에 일본에서 여행이라는 생각에 들떠있었기에, 여러 여행 그룹을 뒤지다 마음이 맞는 동행을 구해 같이 오사카의 야경을 구경 가기로 했다.

오사카 역에 한 번이라도 방문한 적이 있다면, 문처럼 생긴 높은 빌딩을 본 적 있을 것이다. 독특한 외관으로 오사카의 랜드마크 역할을 톡톡히 하

리프트업 공법으로 문 형태의 독특한 파사드

는 우메다 스카이 빌딩(梅田スカイビル)은 지상 40층, 높이 약 173미터의 초고층 하이테크 건축물 빌딩이다. 2008년에는 타임즈에 '세계를 대표하는 20개의 건축물'로 소개될 정도로 랜드마크 성격이 짙은 이 건물의 설계는 하이테크 건축가인 하라 히로시가 담당했다. 서양의 하이테크 건축가에 렌조 피아노가 있다면, 동양의 하이테크 건축가는 바로 이 하라 히로시가 아닐까 싶다. 거대한 크기의 건축물을 현대적인 재료로 해석했다는 점, 그리고 독특한 문 모양의 빌딩으로 설계했다는 점에서 이 작품은 하라 히로시의 대표작이라고 말할 수 있다. 빌딩은 동쪽 타워와 서쪽 타워, 2개의 동으로 구성되어 있고, 이 두 타워를 연결하는 것이 바로 가운데에 껴있는 원형 공간의 '우메다 공중 정원 전망대'이다. 떠있는 원형 공간을 짓기 위해서 세

계 최초로 '리프트업 공법'[1]을 사용했다고 하니, 어떻게 보면 굉장히 단조로운 구성의 건축물이 될뻔한 것을 가운데 원형 전망대가 재미를 부여하고 있는 것이나 다름없다.

이런 멋진 건축물 위에 있는 우메다 공중 정원에서는 오사카의 도심을 한눈에 내려다 볼 수 있다. 그리고 전망을 관람한 뒤에 내려올 때는 원형공간 안에 있는 기다란 에스컬레이터를 타는데, 이것이 바로 원형 공간의 숨겨진 묘미이다. 에스컬레이터 밑에는 39층 정도의 공간이 비어있다고 생각하면 더욱 스릴 넘친다. 이런 여러 매력을 가지고 있는 우메다 공중 정원은 개업한지 얼마 지나지 않아서 오사카의 인기 관광 스팟이 되었고 개업 15주년이었던 2008년 5월 5일에는 입장객 1,000만 명, 2015년 7월 31일에는 1,500만 명을 돌파했다. 그리고 이 공중 정원 전망대에는 '공중정원대명신(空中庭園大明神)'을 기리는 조그마한 신사가 있다고 하니 이 또한 신선한 매력이지 않을까 싶다. 이 신이 내리는 은총이 바로 연애 성취라고 하니, 좋은 인연과 다시 방문해야겠다는 생각을 했다. 오사카 주유패스를 가지고 있으면 무료로 입장이 가능하다고 하니[2], 다른 관광지에 비해 가벼운 마음으로 방문할 수 있을 것 같다.

---

1 대형 구조물을 지상이나 하부에서 제작 후 높은 위치로 들어올려 설치하는 공법.
2 일반 입장료는 2018년 7월 2일부터 1,500 엔.

한국과 다른,
일본의 독특한 문화와 예절!

　일본은 우리나라와 거리적으로 굉장히 가까운 나라이지만, 막상 여행을 와보면 확실히 다른 문화를 가진 또다른 나라라는 것을 상기하게 된다. 어른이 되자마자 일본으로 건너와 올해로 일본 생활 7년차가 되는지라 어느 방면에서는 한국 문화에 새로 적응을 해야할 필요가 있을 정도지만, 아직까지도 외국인으로서 선뜻 이해가 가지 않는 문화가 있다. 이번 글에서는 지금까지의 내 생활과 경험을 바탕으로 일본이 한국과는 어떤 다른 문화를 가지고 있는지, 그리고 첫 일본 여행이라면 여행 시 조심해야 할 것, 마지막으로 다른 나라에서도 볼 수 없는 일본의 독특한 문화를 몇 가지 알려주고자 한다.

① 에스컬레이터 한 줄 서기

　우리나라 또한 한때 에스컬레이터에서 한 줄로 서고 나머지 한 줄은 바쁜 사람을 위해 비워 놓았지만, 최근에는 사람이 넘어지는 등의 안전 문제 때문에 두 줄 서기를 강조하고 있다. 일본 또한 안전 문제로 에스컬레이터에서 두 줄 서기를 하자는 포스터가 역 이곳저곳에 붙여져 있지만, 실제로 실행하는 사람은 한 번도 본 적이 없다. 일

본 내 일반적인 도시의 경우 사람들이 에스컬레이터의 왼편에 서고 오른쪽을 비워 놓지만, 특이하게도 오사카는 다른 도시와 반대로 왼편을 비워 놓는다. 이것만 기억하면 된다. 오사카는 오른쪽, 오사카를 제외한 지역은 왼쪽에 서면 된다.

② 일본의 버스 문화

지역마다, 버스마다 다르기는 하지만 대부분의 일본 버스는 뒤로 타서 앞으로 내리는 형식이다. 처음 일본에서 버스를 탈 때 뒤로 탄다는 상상을 해본 적이 없었기에 정말 문화 충격이었다. 버스를 탈 때는 뒷문 옆의 티켓 발권 기계에서 정리권을 한 장 뽑는다. 그리고 버스 기사 옆에 있는 화면을 보면서 정리권에 적혀있는 본인의 번호를 찾아 그 금액을 확인한다. 일본은 거리 비례로 요금을 내는지라 번호 옆에 금액은 서서히 올라갈 것이다. 내릴 때는 반드시 버스가 완전히 정차하고 일어나서(그 전에 일어나면 기사 분에게 매우 혼난다.) 그 금액만큼 기사 분 옆에 있는 통에 정리권과 같이 넣는다. 일본 교통카드 Suica나 PASMO를 가지고 있다면 한국처럼 탑승 시, 하차 시에 각각 찍으면 된다. 교통카드가 안 되는 버스도 더러 있으니 주의하자.

③ 식당에서의 예절

일본에서는 식당 안에 있는 빈 자리를 보고 '앗, 저기 자리 있네~' 라고 하면서 바로 자리로 향하는 건 금물이다. 식당 입구에서 직원의 안내를 받을 때까지 잠자코 기다렸다가, 직원의 지시를 받고 안내를 받은 자리로 이동하는 것이 일본 식당에서의 예의이다. 그리고 기다리던 음식이 눈 앞에 나왔는데 숟가락을 안 주는 경우가 더러 있다. 일본인들은 식기를 한 손에 들고, 밥 등의 음식은 쌀알을 젓가락을 이용해 입안으로 쓸어넣고 국은 건더기를 젓가락으로 눌러서 마시기 때문에, 딱히 숟가락을 사용할 일이 없다. 일반적인 정식 외의 종류인 카레나 볶음밥 종류를 먹을 때는 숟가락이 나오지만 보통은 젓가락 한 쌍만 나온다고 생각하면 된다. 이런 경우에는 일본 만화나 드라마에서 자주 보는 것처럼 한손에 식기를 들고 식사를 하면 된다. 만약에 별도로 숟가락을 요청하고 싶은 경우는, 직원에게 '스푼 쿠다사이(スプーンください / 숟가락 주세요)' 라고 하자.

④ 부활동

오랫동안 일본에 살면서 가장 이해가 안 되는 일본 문화 중 하나는 바로 '왜 평일 낮에도, 주말에도 교복을 입은 중고등학생이 있을까'라는 점이었다. 일본인 친구들에게 물어도 명확하게 나오지 않던 답을, 드디어 얼마 전에 얻을 수 있었다. 일본 지역마다 다르지만, 대체적인 이유는 바로 '부활동(部活, 부카츠)'. 일본 학생들은 학업보다 부활동을 더 열심히 할 정도로 이에 대한 열정이 대단하다. 내 대학 친구 중 하나는 취업을 준비하는 마지막 학년이면서도 동시에 야구부 선발팀이었다. 그래서 오전 오후에 필요한 수업을 듣고, 오후 6시부터 9시까지 야구부 연습에 참여하고, 밤을 새가며 공부해서는 다음날 8시에 시험을 보러 갈 정도였다. 일반적으로는 1학년 때부에 가입하고, 3학년 때 '은퇴 시합(또는 공연)'을 한 뒤에 학교도 부활동도 졸업한다. 그렇기 때문에 보통 부활동은 2학년이 주축이 되어 활동을 하는 경우가 많다. 이렇게 열심히 부활동을 해서 실제로 전문 분야로 진출하는 친구도 있지만, 일반적으로는 평범하게 취업을 준비한다. 그렇지만 일본 기업은 '학생 때 일정한 활동을 열심히 한 학생'을 선호하고, 그중에서 특히 부활동에 열심히 참가한 이력이 있는 학생을 제일 선호한다. 유학생인 나에게 있어서 부활동은 매번 일본 만화나 드라마에서 보면서 꿈꿔왔던 일본 특유의 문화였고, 취준생인 지금은 빼앗고 싶을 정도로 부러운 그들만의 스펙이다.

　⑤ 문신

　한국에서는 이제는 어느 정도 패션의 일부로 인정받기 시작한 문신, 이제는 코리안 타투라고 한국의 타투이스트가 해외로 진출해 활동을 펼칠 정도로 한국의 타투 문화는 인정받고 있다. 그러나 문신한 사람이 일본에 여행을 오게 되면, 분명히 여러 장소에서 제약이 심할 것이다. 일단 기본적으로 일본에서 문신을 한 사람은 온천, 수영장, 해수욕장, 헬스장, 심지어는 골프장까지, 옷을 벗어야 하는 장소에는 입장이 불가능하다. 아직까지도 일본인들에게 있어서 문신은 야쿠자나 폭력조직이 가지고 있는 화려하지만 무서운 이레즈미(刺青)(문신)이기 때문이다. 그러나 막상 문신한 외국인이 길거리를 지나가고 있으면 '멋지다'라고 생각하고 있는 것 또한 일본인들이다. 만약 타투가 있지만 일본에서 온천을 하고 싶은 사람은 문신 부위를 가린 뒤에 입욕이 가능한지 물어보고, 가능한 경우에는 살색 테이프로 문신 부위를 가리고 온천에 들어가도록 하자. 살색 테이프로 가릴 수 없을 정도로 문신이 많다면 아쉽겠지만 다른 나라에서 기회를 노리자. 서양권으로 가면 100% '나이스 타투'라는 소리를 들을 테니 말이다.

오사카는 도대체 어떤 지역일까?

요즘 한국 사람들은 일본에, 그중에서도 간사이에 참 많이 온다. 이건 내 개인적인 감상도 포함하고 있지만 통계학적으로도 한국인들이 일본에 자주 온다는 것이 증명되어 있다. 일본정부관광국 JNTO에 따르면 2011년부터 일본을 찾는 한국인이 급격하게 증가하면서 2016년에만 무려 약 460만 명의 한국인 관광객이 일본을 방문했다고 한다. 그리고 그 중 30%인 160만 명이 오사카로 여행을 온다고 한다.(2016년도 기준 / 2위는 후쿠오카, 그리고 놀랍게도 도쿄는 3위이다.) 2015년도에는 도쿄와 오사카의 관광객 수가 비슷했지만 어느 순간부터인가 오사카 여행객의 수가 도쿄를 넘어섰다. 아마 도쿄에 비해 가깝고, 싼 가격에 마음 편히 다녀갈 수 있는 것이 큰 이유이지 않을까 싶다. 오죽하면 오사카에서 만난 동행도 비행기가 이륙하자마자 바로 착륙한 것 같다고 말했으니 말이다.

그럼 과연 오사카는 어떠한 곳일까? 오사카는 쉽게 생각하면 지형적으로는 '대구'와 비슷하다. 모든 면이 산으로 둘러싸인 분지이기 때문에 여름에는 굉장히 더운데다, 바다가 가까이 있으니 굉장히 습하기까지 하다. 그러니 오사카를 여름에 갈 사람들이 있다면 각오하자. 오사카의 문화는 어떨까? 나는 오사카를 '일본 안에서 참 한국 같은 곳'이라고 말한다. 일본이지만 일본스럽지 않은, 어떻게 보면 모든 사람들이 한국인과 비슷하게 호탕한 성격을 지닌 곳이다. 사람들이 유쾌하고 직설적이며, 참으로 꾸밈없다. 사실 일본 내에서도 오사카라는 지역은 오사카만의 독특한 문화를 가지고 있다고 여긴다. 오죽하면 도쿄 사람 VS 오사카 사람의 대결 구도를 테마 삼아 방송

사진제공 : 이우섭

할 정도로 도쿄와 오사카의 경쟁 구도를 부추기기도 한다. 오사카인들의 성격을 더 자세히 알아보려면 유튜브에서 '유쾌한 오사카 사람들'이라고 치면 나오는 영상을 봐 보자. 인생 참 즐겁게 사시는 것 같다.

　오사카가 한국과 밀접한 관련이 있다고 말할 수 있는 것이, 오사카는 재일 교포가 가장 많이 거주하는 곳이다. 그 중 츠루하시 역(鶴橋駅) 주변에는 일본 최대의 코리아 타운이 있을 정도다. 이렇게 많은 재일 교포가 오사카에 거주하게 된 것은 일제 강점기 시절 살기 힘들던 한국인이 일자리를 구하기 위해 일본으로 넘어온 것이 계기이다. 특히 1923년부터 제주도와 오사카를 직항으로 연결하는 배인 '기미가요마루(君が代丸)'가 취항하면서 제주도를 통해 많은 한국인이 오사카로 들어오기 시작했다. 광복이 되고, 한국 전쟁이 끝나자 한국으로 돌아가는 사람도 물론 있었지만, 여러 사정상 일본에 남게 된 한국인들은 자신들만의 가게도 꾸리고 시장을 형성하면서 일본 오사카에서 살아가게 되었다.

한편 그렇기 때문에 재일 교포가 많은 오사카는 언제나 반한감정을 가진 일본인들에게 무차별적으로 공격받는 도시이기도 하다. 불같은 오사카 사람들 성격에 반한 감정이 섞이면 굉장히 무서운 것은 사실이다. 그렇지만 일본에서 살고 있는 사람 입장에서 감히 말하면, 반한 감정을 벌벌 떨 정도로 무서워하지는 않아도 된다고 생각한다. 2016년 7월 1일부터 재일 한국인을 겨냥한 혐한 시위 등 '헤이트 스피치'를 금지하는 조례가 시행되었고 이것은 대대적으로 위협받을 일은 없다는 것을 의미한다. 굳이 반한 감정을 가진 일본인을 만날까 하며 사서 걱정하지 말고 여행을 즐기자. 그 사람들까지 신경 쓰기엔 우리의 여행은 길지 않으니까.

자연을 사랑하는 '약한' 건축가, 쿠마 켄고

이 책에서 소개할 첫 번째 일본인 건축가는 바로, 일본 건축계에서 새로운 행보를 내딛고 있으며 세계적으로 유명해지기 시작한 건축가 쿠마 켄고이다.

쿠마 켄고(隈 研吾)는 1954년 카나가와 현 요코하마에서 태어나, 요코하마 시 오오쿠라야마(大倉山)에 있는 오래된 집에서 자랐다. 고도 경제 성장 시대였던 당시, 새로 지은 건축물은 늘어가는데 쿠마 켄고의 집은 낡고 오래돼서 굉장히 싫어했다고 한다. 그때마다 그의 아버지는 재료를 사왔고 어렸던 쿠마 켄고와 집을 고쳐 나갔다. 집을 고쳐나가면서 여러 재료를 접하게 된 그는 재료에 대한 흥미를 느꼈다고 한다. 그리고 초등학생이 되었을 때, 그는 1964년의 도쿄 올림픽을 준비하면서 짓기 시작한 단게 겐조의 국립 요요기 실내 경기장에 충격을 느끼고 건축가를 지망하게 되었다.

쿠마 켄고는 도쿄대학 공학부 건축학과를 졸업하고, 대학원 시절 아프리카 사하라 사막을 횡단하고 집락을 조사하며 집락의 미학과 힘을 탐구한다. 그리고 다른 건축가들이 아틀리에에 들어가는 것과 달리, 여러 사람들과 부딪히며 건축을 배우기 위해 대형 설계사무소인 니혼설계(日本設計)에 취직하게 된다. 이후에는 토다 건설, 콜롬비아 대학 객원 연구원을 거쳐, 1990년에 쿠마 켄고 건축도시설계사무소(隈研吾建築都市設計事務所)를 설립했다. 그리고 일본 국내외 여러 대학의 객원 교수로 활동하다 2009년 4월부터 도쿄대학 공학부 건축학과 교수가 되었다. 최근에는 프랑스 파리에

Kuma & Associates Europe를 설립하는 등 해외로도 진출하여, 국세 공모전에서 수상하고 20개 이상의 나라에서 설계를 맡는 등 세계적으로 주목받는 일본인 건축가 중 한 사람이 되었다.

그렇다면 쿠마 켄고는 어떠한 건축가일까? 쿠마 건축물의 가장 큰 특징은 재료의 성질을 파악해 일본의 '와(和)'스러운 건축물을 만들어내는 것이다. 어렸을 때 재료를 가지고 놀면서 재료에 대한 신념이 생긴 그는, 지난 20세기에 물질주의의 극단에서 건축물이 많이 지어지면서 과도하게 시각적인 관점에서만 건축물을 바라보았다고 지적한다. 건축물을 짓는 데 기본적으로 사용하는 '콘크리트'라는 재료를 아무도 부정하지 않고 있다는 것이다. 그가 생각하는 건축은 건축물의 공간적 요소와 시간이 결합하는 것이다. 그리고 그 교집합의 공간을 만드는 데 나무와 물 등 자연 친화적인 소재를 사용하면서, 콘크리트로 구성된 권위적인 현대 건축이 아닌 자연과 공존하는 '약한 건축'을 지향하고 있다. 그래서 쿠마 켄고, 하면 가장 먼저 떠오르는 것도 건축에 목재를 사용한다는 사실이다. 아직까지도 그는 어떻게 자연의 소재를 현대 건축에 녹여낼 것인지 고민하면서 대나무, 돌, 종이, 유리 등을 주제로 실험하고 있다.

그의 건축물을 보면 확실히 다른 콘크리트 덩어리 건축물들보다 부드럽게 자연에 융화되고 있다는 느낌을 받을 수 있다. 도쿄에서 그의 작품을 찾고 싶다면 써니힐즈 미나미 아오야마(Sunnyhills Minami-Aoyama)로 가보자. 일본 전통 공법을 사용해 나무 격자를 짠 뒤 건물을 휘감아버린 이 작품이야말로 쿠마 켄고식 건축의 총집합체일 것이다. 주로 도쿄에서 활동하는 건축가다 보니 오사카에서는 그의 작품이 많이 보이지 않지만, 아사히 방송 신사옥(朝日放送新社屋)에서 그의 흔적을 느낄 수 있다.(위치는 오사카 시 후쿠시마 구 후쿠시마 1-1-30 / 大阪市福島区福島1-1-30) 파사드를 보면 나무를 이용한 격자무늬로, 바로 앞에 있는 강과 나가무 파사드와 조화를 이루어서 높은 건물이지만 주위 건물들에 비해 부담스럽지 않다. 써니힐즈 미나미 아오야마처럼 화려한 맛은 없지만 은은하게 쿠마 켄고의 자연을 위한 생각을 보여주고 있다.

Coeda House 모델

2018년 올해, 3월부터 5월까지 도쿄에서 쿠마 켄고의 건축전이 열렸다. 쿠마 켄고가 건축에 사용하는 '물질'들에 대한 이야기, 그리고 물질에 대한 그의 사상에 대해 잘 알 수 있었다. 구체적으로는 여러 '물질'들을 어떠한 '조작' 및 '기하학적 패턴'으로 건축물을 만드는가에 대한 내용이었다. 그의 물질에 대한 전시 내용을 그대로 책에 가져다 놓을 수는 없지만 쿠마 켄고가 직접 그 전시에서 언급한 구절이 굉장히 인상에 남았기에 이 구절을 마지막으로 그의 대한 설명을 줄인다.

쿠마 켄고 전시회

'우리는 건축을 단독적인 작품으로 생각하지 않고, 계속되는 노력이라고 생각한다. 하나 완성하면 이루는 것도 있지만, 반성해야 하는 점도 있고 다음 과제도 보인다. 그것을 다음 찬스로 되살린다. 그리고 또 과제와 반성. 이것을 계속 반복하면서 계단을 하나씩 오른다. 소재, 조작, 기하학으로 분류하고 있지만, 동일한 발상이 다른 소재, 다른 통계로 뛰는 경우도 있다. 계속이라는 행동은 힘이고, 나무는 나누어져 있다. 그 점프는 또 힘이 된다.(僕らは、建築を単独の作品と考えずに継続する努力だと考える。ひとつできると達成もあるが、反省もあるし、次の課題も見える。それを次のチャンスに生かす。そして、また課題と反省。これを延々と繰り返し、ステップを一段ずつ登る。 素材、操作、幾何学で分類しているが、同一の発想が別素材、別系統にジャンプすることもあって、継続は力で、樹形は分岐している。そのジャンプがまた力となる)'

오사카 2일차

건축가 안도 다다오의 뒤를 좇다

이번 장에서는 많은 건축학도들이 손쉽게 도전할 수 있는 건축 여행 테마를 준비했다. 이름하여 '건축가 안도 다다오의 뒤를 좇다.' 한국에서도 뮤지엄 산이나 제주도 본태박물관 등, 마음만 먹으면 안도 다다오의 작품을 쉽게 접할 수 있게 되었다. 그렇다면 우리는 왜 군이 오사카까지 와서 그의 건축물을 봐야할까. 그것은 바로 오사카에서 활동을 계속하던 안도 다다오의 초심부터 현재, 그리고 미래에 지어질 작품들을 본고장에서 만나볼 수 있다는 이유에서이다. 물론 이번 장에서 내가 콕콕 짚는 건축물을 방문하는 것은 여러분의 선택이다. 그렇지만 앞으로 나올 건물은 내가 보았던 안도 다다오 건축물 중에서도 가장 인상깊게 느낀 건축물들이기 때문에, 안도 다다오를 오롯이 느껴보고 싶다면 이번 장을 주목해보자.

오사카에는 안도 다다오의 작품이 정말 많다. 아무래도 오사카에 아틀리에가 있으니 오사카에서 많은 의뢰가 들어온 것이 틀림없다. 지하철 몇 번 타고, 튼튼한 다리를 이용해 열심히 오사카를 돌아다니면 한국에서 꿈꿔왔던 안도 다다오의 대표적인 작품을 하루만에 만날 수 있다. 만약 오사카뿐만 아니라 교토나 효고까지 발을 넓혀서 건축물 답사를 떠날 예정이라면, 못해도 그의 작품은 10개 이상 볼 수 있지 않을까 싶다. 이번 여행은 오사카 남부에 있는 스미요시 주택을 시작으로 오사카 북부에 위치한 빛의 교회까지의 수직 동선을 생각하면서 짜보았다. 안도 다다오의 뒤를 천천히 좇아가자. 그리고 안도 다다오를 느껴보자. 어떠한 작품들이 그를 만들었는지, 직접 우리 눈으로 확인해보자.

젊은 건축가의 패기가 고스란히 담겨 있는, 스미요시 주택(住吉の長屋)

위치
오사카 부 오사카 시 스미요시 구 스미요시 2-9-89 근처(大阪府大阪市住吉区住吉2-9-89付近)
(개인 주택이기 때문에 구체적인 주소는 언급하지 않음.)

준공
1976년

이번 여행의 첫 목적지는 개인적으로는 내 인생 최초로 인식한 건축물이자 내가 동경해왔던 건물, 한 건축가의 과감한 데뷔작인 스미요시 주택(住吉の長屋)이다. 이 주택은 이름부터 바로 알 수 있듯, 오사카 남부에 있는 '스미요시'라는 지역까지 지하철을 타고 가야한다. 여러분이 도톤보리 근처에 숙소를 잡았다는 것을 먼저 가정해본다. 난카이 난바 역에서 난카이 본선을 타고, 5 정거장 뒤인 '스미요시 다이샤(住吉大社)'역에서 하차하면 된다. 위대한 건축물에 직접 찾아가려고 마음먹었던 날, 오사카는 비가 주룩주룩 내리던 상황이었지만 위대한 건축 여행의 첫 건축물이니 비가 오면 좀 어떠랴. 비에 대비해 챙겼던 우산을 쓰고, 가벼운 발걸음으로 스미요시 주택으로 향했다.

스미요시 구는 한국인들이 평소 생각하던 '일본 마을'에 가장 부합한 곳이었다. 그 사이에서 나는 블로그를 보며 일본 마을에 맞지 않는 분위기의 스미요시 주택을 찾기 위해 주택가 구석구석을 돌아다녔다. 그리고 어느 길거리로 들어선 순간, 평범한 주택 사이에 위압감이 느껴지는 작품이 신비롭게

서 있었다. 드디어 만난 것이다. 바로 지금의 세계적인 건축가, 안도 다다오를 만든 바로 '스미요시 주택'을 말이다.

스미요시 주택은 외관으로 보면 창문 하나 없는 평범한(?) 콘크리트 상자로 보이지만, 내부는 그 상자를 3개로 나눠 가운데에는 중정을, 양측에 방들을 배치한 특이한 구조를 지녔다. 빛과 바람이 오로지 중정의 보이드[1]를 통

1 빈틈, 오픈된 공간이라고 생각하면 편하다.

해서만 방 안으로 들어오게 된다. 여담으로 항공사진을 찍게 뇌면 중정을 동해 집 안쪽 사진이 찍히게 된다고 하니, 하늘을 향해서 열려 있는 공간이라고 할 수도 있겠다. 이런 특이한 구조를 가지게 된 데는 비하인드 스토리가 있는데, 안도 다다오는 주인이 설정한 총 1,000만 엔(기존 주택철거 비용, 신축 비용 포함. 한화로 약 1억 원)이라는 한정된 예산과 부지에서 설계를 해야만 했다. 그 상황에서 안도는 오히려 과감하게 부지에 콘크리트 상자를 놓고 집이라는 개념에 추상적으로 접근하려고 했다. '단순하지만 실제로는 단순하지 않은, 물리적으로는 아무리 작은 공간이더라도, 그 작은 우주 안에는 수많은 자연이 있고 풍요로움 또한 존재하는 주택을 짓고 싶었습니다.'라고 안도는 설명한다. 물론 비오는 날에 방에서 화장실을 가려면 우산을 쓰고 가야하는 불편함에 대한 비판은 있었고 안도 또한 이를 인지하고 있어 주인에게 중정에 지붕을 씌우자는 의견을 넌지시 던졌는데, 주인은 지붕이 없는 채로 사는 것이 아직까지도 재밌고 이제는 익숙한 모양이다.

실제로 건물 내부로 들어갈 수는 없지만, 워낙 내부 사진이 유명하기에 외관 파사드를 보면서 내부에서 생활하는 사람들의 모습을 상상해보았다. 비가 심하게 오는 어느 장마철 중 하루, 우산을 쓴 주인이 거대한 콘크리트 상자 안으로 들어간다. 그리고 현관에서 잠시나마 우산을 접고 신발을 벗는다. 그리고 저녁을 먹기 위해 주방으로 우산을 쓰고 향한다. 다시 우산을 접고 저녁을 맛있게 먹은 뒤, 또 다시 우산을 펴 자신의 방으로 향한다. 자신의 집인데도 불구하고 불편한 상황이 지속된다는 웃긴 상상이지만 실제로 주인은 정말 이렇게 생활하고 있을 것이다. 이 건축물을 지은 안도 다다오의 패기는 정말 본받을 만하다.

맑은 하늘을 볼 수 있는 도심 속 갤러리,
니혼바시의 집(日本橋の家)

위치
오사카 부 오사카 시 츄오구 니혼바시 2-5(大阪府大阪市中央区日本橋2-5)
준공
1994년

오사카 남쪽 먼 곳에서 안도 다다오를 찾았으니, 이제는 오사카 시내에서 그의 작품을 돌아보자. 스미요시까지 갔던 방법을 반대로 해서 난바 역으로 돌아온 다음, 구글 맵을 켜서 또 다른 안도 다다오의 흔적을 찾아간다. 오사카의 관광지인 구로몬 시장 쪽으로 도보 5분 정도 걸어가면 나오는 건물, 바로 니혼바시의 집이다.

니혼바시의 집(日本橋の家)은 4층 건물의 주택이었는데, 집주인인 카나모리(金森)씨가 이 멋진 건축물이 가진 매력을 세상에 알리고자 2016년 개축 공사를 실시해, 지금은 간사이 지방 건축의 매력을 알리는 갤러리로서 사용하고 있다. 도로변의 길이 3m와 깊이가 15m, 건축면적 17평밖에 되지 않는, 스미요시 주택보다 더 까다로운 조건의 부지이다. 먼저 외관은 처음으로 안도 다다오스럽지 않게 전면 유리로 되어 있고, 내부로 들어가면 또 한 번 상상 이상의 공간을 맛볼 수 있다. 3, 4층에 올라가면 마주하게 되는 중정은 사면이 콘크리트 벽으로 둘러 쌓여있기 때문에 시끄러운 도심 속이지만 조용함을 느낄 수 있다. 거기다 원래는 이곳이 세탁물을 널어두는 곳이었다

고 하니 중정의 다른 역할이 신기하지 않은가? 방을 이동하기 위해서는 한 번 바깥으로 나가야한다는 점에서 스미요시 주택과 별반 차이가 없지만, 계단은 니혼바시의 집이 압도적으로 더 많다. 이러한 계단이 생활하는 데 불편할 수도 있겠지만, 집 안의 동선에 맞게끔 잘 배치되어 있는 인상을 받았다.

한국에서 유명하지 않은 작품이지만, 내부로 들어갈 수 없는 스미요시 주택과는 다르게 안도 다다오가 설계한 주택을 견학할 수 있다는 점, 그리고 안도 다다오가 설계했다는 것을 바로 알 수 있는 대담한 공간 배치로 '안도 다다오다움'이 풍겨온다는 점에서는 100점 만점에 120점을 주고 싶다.

내부에서 바라본 보이드

니혼바시의 집 메인 파사드

안도 다다오가 지은 건물에서 상업을,
갤러리아 아카(GALLERIA [akka])

위치
오사카 부 오사카 시 츄오구 히가시신사이바시 1-16-20(大阪府大阪市中央区東心斎橋1-16-20)
준공
1988년

니혼바시의 집에서 도톤보리 쪽으로 돌아가서, 상점가들을 관광 삼아 천천히 둘러보다가 구글 지도를 켜보자. 여러분이 신사이바시에 있다면, 다음 안도 다다오 건물을 살펴보기 딱 좋은 타이밍이다. 신사이바시 상점가 중심부에서 걸어서 1분이면 다음 건축물로 걸어갈 수 있다. 이번엔 내부를 살펴볼 수 없는 주택 건물이 아니다. 이번에 볼 건축물은 안도 다다오가 지은 상업 시설인, 갤러리아 아카이다.

삼각형의 보이드

갤러리아 아카(GALLERIA [akka])의 외관부터 살펴보자. 여러 빌딩들이 밀집한 히가시신사이바시의 좁은 길 선상에 있는 이 빌딩은, 보자마자 '안도 다다오가 지었다는 것을 알 수 있는' 외관이다. 8m 길이의 건물 앞면 파사드에는 2개의 개구부만 존재하며, 그

갤러리아 아카 메인 파사드

개구부의 폭 또한 매우 좁기 때문에 심플하다. 콘크리트로 덮여있는 외부의
심플한 벽을 지나게 되면 드라마틱한 삼각형의 보이드와 파사드의 5배에 이
르는 40m의 건물 길이에 깜짝 놀라게 된다. 보이드를 통해서 지하부터 최상

통로에서 바라본 중정

층까지 모든 층의 공간이 보이고, 유리 아치 지붕으로 자연광이 스르르 들어와 지하까지 은은하게 비추고 있었다. 보이드의 종합적인 느낌은 마치 스미요시 주택을 상업 버전으로 크게 키워 놓은 느낌이다. 보이드를 중심으로 윈

편에는 통로가 배치되어 있어 처음 오는 사람들에게도 나름 친숙한 구조다. 그렇지만 각 계단을 이용할 때 시선이 차단되기 때문에 다음 공간에 대한 기대가 더해지는 것도 있다. 오사카 시내에는 안도 다다오의 작품이 많이 존재하지만, 그중에서도 이 갤러리아 아카는 건물의 수직 동선이나 가장 윗층의 테라스, 공간을 잇는 보이드까지 가장 초창기의 패기 넘치던 안도 다다오스러운 작품의 표본이라고 말할 수 있다.

이 갤러리아 아카나 도쿄의 오모테산도 힐즈(表参道ヒルズ)처럼 안도 다다오가 짓는 상업 시설은 하나같이 재밌다. 상업 시설에서는 좀처럼 찾아볼 수 없는 동선 배치나 자연 친화적인 콘크리트 건물. 안도 다다오는 '상업시설은 한 번 가보면 또 가고 싶어지는 두근거림이 있어야 한다.'고 한다. 이 주장은 일면 존 저디가 설명하는 체험 건축과 일맥상통하는 부분도 있지 않을까 싶다. 안도 다다오의 상업 시설은 이 책의 다른 챕터에서도 많이 등장할 예정이다. 건축물이 어떤 곳에 있고, 그리고 갤러리아 아카와 어떻게 다를지. 각자만의 상상의 나래를 바탕으로 건축물을 상상하는 것도 나쁘지 않을 것이다.

건축물을 만드는 또다른 건축물,
안도 다다오 건축 연구소(安藤忠雄建築硏究所)

위치
오사카 부 오사카 시 키타 구 도요사키 2-5-23(大阪府大阪市北区豊崎2-5-23)
준공
1981년

그 다음 건축물은 지하철을 타고 이동해야 한다. 신사이바시역에서 오사카 관광을 하면서 몇 번이고 타게 될 미도스지(御堂筋)선을 타고, 4정거장 뒤인 나카츠(中津) 역에서 내리면 된다. 이렇게 다른 건축물들에 비해 조금은 수고스러운 여정을 거쳐서 도착하게 되는 곳은 바로 안도 다다오 건축 연구소이다. '오사카까지 왔는데 안도 다다오 건축물이 탄생하는 사무소나 보고 가자!!' 라는 내 자신 나름의 패기로 찾아가게 되었다. 물론 일개 학생인 나로서는 건물 내부까지 들어가는 용기까지는 못 냈지만, 겉에서 풍기는 아우라와 문틈으로 보이는 직원들이 열심히 일하는 모습 덕분에 건축에 대한 사랑이 다시 한 번 불타오를 정도로 삶의 새로운 자극이 되었다.

안도 다다오 건축 연구소는 회사의 이름이고, 건축물로서의 정식 명칭은 오요도 아틀리에(大淀のアトリエ), 내지는 구 도미시마 저택(旧富島邸)이다. 안도 다다오가 초창기 시절에 개인주택으로 지은 도미시마 저택이 존재했지만, 나중에 사무실로 사용하기 위해 건물을 매입한 후 몇 번의 증축과 1번의 리노베이션 끝에 지금의 아틀리에 형태가 되었다. 내부에는 들어갈 수

없으니 사진을 참고하자면, 아니나 다를까 1층부터 최상층인 5층까지 거대한 보이드가 있다. 보이드 사이로 사람들이 열심히 일하는 모습을 어느 위치에서나 확인할 수 있다. 아틀리에의 한쪽 벽면 전체가 책장으로 되어있어서 얼핏 보면 도서관같은 느낌도 풍긴다. 그리고 뜬금없지만 이 건물과 맞닿아 있는 산 오쿠스 빌딩2(サン・オークスビル2)의 2층에도 안도 다다오 건축연구소가 하나 더 있다.[1] 산 오쿠스 빌딩 2와 건축연구소 본관 2층 부분을 연결하기 위해 기존 책장 벽의 일부분을 떼어내 통로를 만들었다고 한다.

자 그렇다면, 우리가 안도 다다오 건축 연구소에 다니는 직원 1이라고 가

1 안도 다다오가 '빌딩의 2층 부분만 사서, 주인이 마음대로 빌딩을 팔지 못하게끔 했다'고 TV의 인터뷰에서 언급한 바가 있다.

정하고 연구소 내의 일을 상상해보자. 소장님은 회사 1층 현관 앞에서 자리를 잡고 일을 하고 있다. 연구소에 출입을 할 때마다 소장님과 항상 눈이 마주친다. 전화같은 경우도 정말 필요한 일 빼고는 전부 공용 전화를 사용해야 하는데 그것은 소장님 바로 앞에 놓여 있다. 심지어 언제나 패기가 넘치고 새로운 발상에 번뜩이는 열정이 넘치는 소장님이라면? 입사하고 한동안은 정말 죽을 맛이겠지만, 그런 소장님 밑에서 일을 배우면, 어딜 가든 열정과 패기 하나는 넘칠 것이다. 심지어 소장님이 세계적인 건축가 안도 다다오라면 실력 또한 흘러 넘치게 되지 않을까.

신비로운 분위기의 십자가를 가진 빛의 교회, 이바라키 가스가오카 교회(茨木春日丘教会)

위치
오사카 부 이바라키 시 키타가스가오카 4-3-44(大阪府茨木市北春日丘4-3-44)
준공
1989년

마지막으로 오사카 시내에서 조금 멀리 떨어진 곳으로 가보자. 안도 다다오의 데뷔작 다음으로 유명한 작품이라고 해도 과언이 아닌 '빛의 교회'를 보러 오사카 북부에 있는 '이바라키(茨木)'로 향했다. 이바라키 역에 도착을 하고도[1] 가스가 공원 행 버스를 타고 약 15분을 더 들어가야 하는 이 건축물에는 도대체 무슨 이야기가 숨겨져 있을까 두근두근대면서 창밖을 바라보며 간단한 버스 여행을 즐기기 시작했다.

일단 이 건물에 대해 설명하기 전에 미리 알아두어야 할 것이 있다. 이 건축물을 보기 위해서는 적어도 2개월 전 견학 신청을 해놓아야 한다. **견학 외의 날짜에 방문하거나 예약을 하지 않은 경우는 견학을 할 수 없다.** 보통 일요일 예배에 맞춰서 일요일 견학인 경우가 많다. 예약을 했다면 오후 1시 반부터 4시까지 언제든지 방문이 가능하다. 자세한 사항은 인터넷 검색창에 '빛의 교회 예약'이라고 검색하면 좀 더 자세한 내용을 확인할 수 있을 것이다. 내용을 확인한 뒤 교회 사이트로 이동해서 견학신청서 양식에 맞게 작

---

1 오사카역에서 JR도카이도 산요본선으로 6 정거장

성하면 된다. 견학을 먼저 신청하고 일정을 짜는 것이니, 모든 여행의 일정의 중심에 빛의 교회가 있다고 생각하면 될 것이다.

　이바라키 가스가오카 교회(茨木春日丘教会)는 1996년에 국제 교회 건

축상을 수상한 시점부터 '빛의 교회(光の教会)'라는 애칭으로 더 많이 불리기 시작했다. 일본의 극심한 버블 경제 시기였던 건설 초반에는 예산이 부족해 안도 다다오는 예배당에만 중점을 두고 나머지 부수적인 부분은 생각하지 않고 설계를 했다고 한다. 이 교회 또한 안도 다다오의 트레이드 마크라고 할 수 있는 노출 콘크리트가 이용되었고, 예배당 내부 제단 뒤쪽에는 벽면 전체에 걸쳐 십자가 모양의 슬릿(slit, 틈새)으로 빛이 들어오는 것이 가장 큰 특징이다. 프로테스탄트 계열의 교회이기 때문에 성모 마리아나 천사 조각상 등의 장식이 없고, 나무의자나 바닥을 검게 무채색으로 칠함으로서 빛의 웅장함을 더 증폭시킨다. 그리고 설교석이 신도들의 자리보다 낮게 디자인됨으로서 인간에게까지 내려와 낮게 살다 가셨던 예수 그리스도의 모습을 상징적으로 표현했다.

위에서 몇 번이고 설명했듯이 안도 다다오는 참 패기가 넘치는 건축가이다. 그러나 이 빛의 교회에서 유일하게 그의 마음대로 되지 못한 부분이 하나 있으니, 바로 슬릿에 있는 유리이다. 슬릿에 유리가 없는 편이 더 많은 빛이 들어오고 긴장감이 넘치는 교회가 될 것이라고 강조했지만, 비가 오거나 날씨가 추운 경우도 있다고 교회 측에서 강하게 반발하니 결국 유리를 끼워 넣었다고 한다. 그러나 직접 방문해보니 유리가 있건 없건 슬릿으로 들어오는 빛은 교회를 신성하고 경건한 장소로 만들기 충분했다고 생각한다. 빛의 교회 외에도 안도 다다오가 설계한 유명한 교회가 2개(고베 바람의 교회, 홋카이도 물의 교회) 더 있으니 참고해보는 것도 좋을 것이다.

나는 운이 좋게도 빛의 교회를 2번이나 견학할 수 있었다. 그리고 교회를 방문할 때마다 좋은 관리인을 만나서 수많은 이야기를 나눌 수 있었다. 이것이 바로 혼자 여행을 하면 좋은 점 중 하나라고 생각된다. 그들과 이야기를 하면서 느낀 것은 두 가지, 첫 번째는 예배당뿐만 아니라 견학 접수를 받는 병설 교회 홀(애칭은 일요학교, 준공:1999년)의 공간도 좋아졌다는 것이다. 예배당은 확실히 콘크리트와 검은 의자가 자아내는 중압감이 빛을 더욱더 특별하게 만들지만, 병설 교회 홀은 콘크리트와 나무재질이 적당히 어우려져 좀 더 사람들에게 친근한 이미지를 주고 있기 때문일 것이다. 그리고 또다른 건, 기념품으로 안도 다다오의 친필 사인이 들어간 엽서 세트를 살 수 있다는 점이다. 교회 관계자가 직접 안도 다다오에게 부탁해 친필로 사인을 받았다고 하니, 저렴한 가격의 엽서 세트로 돈을 주고도 살 수 없는 유명한 건축가의 사인을 가지게 될 수 있다는 것에 감명받았다. 이렇게 안도 다다오의 사인까지 얻으면서, 안도 다다오 뒤를 좇는 여행은 끝이 났다.

빛의 교회의 병설 교회홀

타코야키와 오코노미야키,
먹거리 천국 오사카

'일본에 가야지!' 라고 생각했을 때 가장 먼저 머릿속을 채우는 게 있다면 그건 바로 일본 먹거리가 아닐까 싶다. 싱싱한 초밥부터 시작해서 엄지손가락만한 문어가 들어 있는 타코야키, 본고장에서 먹는 부침개 같은 오코노미야키, 심지어는 편의점까지… 이 정도면 일본에 먹방 찍으러 간다고 해도 과언이 아닐 정도다. 그중에서 오사카는 일본에서 가장 먹거리가 유명한 곳이 아닐까 싶다.

그렇다면 왜 오사카는 식문화의 중심지가 되었을까?

조금 역사적으로 접근을 해본다. 1583년 일본을 제패한 도요토미 히데요시가 수도를 오사카로 옮기면서 오사카는 경제 및 정치의 중심지가 되었다. 그와 동시에 오사카에서의 상업 활동이 활성화되고, '천하의 부엌(天下の台所)'이라고 불릴 정도로 모든 식재료가 오사카로 몰려들기 시작했다. 그중 오사카에게 가장 큰 영향을 끼쳤던 식재료는 바로 '다시마'였다. 일본 북부에 있는 홋카이도나 토호쿠에서 갓 건진 다시마를 배를 통해 오사카로 바로 보내 신선한 상태에서 가공을 했다. 여기서 '다시(육수)'를 뽑아서 요리를 만들었다고 하니 이 얼마나 신선하고 맛있었을까! 다시는 모든 일본 요리의 기본이 되는 중요한 재료이다. 육수를 중요시하면서 요리를 하는 문화야말로 오사카가 아직까지 잘 보존하고 있는 식문화이다.

이러한 다시마 육수를 듬뿍 이용하는 유명한 요리 두 가지를 소개할까 한다. 바로 타코야키와 오코노미야키이다. 이 두 가지는 쿠시카츠(串カツ, 여러 재료를 꼬치에 찔러넣어 기름에 튀긴 요리)와 함께 오사카의 3대 먹거리에 속한다. 한때 한국에서 문어빵이라고 불리우던 타코야키는 그 이름처럼 문어(타코)를 넣고 구운(야키) 뒤 소스와 가츠오부시를 올리는 동글동글한 길거리 음식이다. 창시자는 오사카 니시나리 구의 '아이즈야(会津屋)'의 창업자인 엔도 토메키치(遠藤 留吉)라고 한다. 당시에 소 힘줄을 넣어서 만든 '라지오야키(ラジオ焼き)'를 개량해 여러 시도를 하던 도중 1935년에 문어와 계란을 넣어서 타코야키를 완성해 팔기 시작했다고 한다. 요즘은 우리나라에도 길거리에 타코야키를 파는 경우가 많기에 어느 순간 익숙한 음식이 되지 않았나 싶다. 그런데 일본 여행을 온 친구가 나에게 이렇게 말을 한 적이 있다. '생각보다 타코야키 안이 덜 익었었어, 원래 그런 거야?' 나는 부정할 수 없었다. 나에게 있어서 도쿄 타코야키의 매력은 겉은 바삭하고 속은 반숙인 갓 나온 상태가 맛있음의 포인트였기 때문이다. 그러나 도쿄와는 다르게 오사카에서는 사실 이런 바삭한 식감을 별로 좋아하지 않고, 표면도 안쪽처럼 부드러운 것을 선호한다고 한다. 역시 사람들마다 먹는 방법도 제각각인 것이 드러나는 것 같다.

한편 친구들이 일본에 와서 '일본음식'을 먹어보고 싶어 할 때 나는 대부

분 오코노미야키(お好み焼き) 집으로 향한다. 내가 일본 친구와 처음 먹은 일본식이기도 하고, 오픈형 주방에서 오코노미야키를 만드는 것을 보고 있으면 어렸을 때 일본 만화의 배경을 보는 것 같아서다. 오코노미야키는 일본어 그대로 '원하는 것(오코노미)을 넣어서 구운(야키)' 음식으로, 우리나라 음식으로 치면 전과 굉장히 비슷하다. 밀가루 반죽에 양배추, 계란 그리고 돼지고기나 새우 등 원하는 재료를 넣고 구운 뒤, 그 위에 달달한 소스를 바르고 가츠오부시 가루와 마요네즈, 김가루를 뿌려먹는 것이 특징이다. 생각보다 간단한 재료와 요리 방법에 한끼 식사가 될까 싶은데, 한 사람 당 한 판을 시켜놓고 먹어보면 굉장히 배가 부르다. 아마 양배추가 배부름에 기여를 톡톡히 하지 않나 싶다.

　일본에 와서 깨달은 재밌는 사실 중 하나는 오코노미야키의 종류가 간사이 풍과 히로시마 풍, 두 가지나 존재한다는 것이었다. 간사이 지역의 오코노미야키는 잘게 썬 양배추를 반죽과 함께 섞어 굽는다. 이것이 우리가 아는 일반적인 오코노미야키의 방법이다. 반대로 히로시마에서는 밀가루 반죽을

히로시마풍 오코노미야키

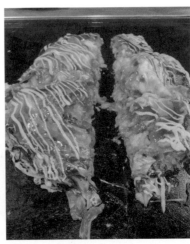

간사이풍 오코노미야키

얇게 철판에 펼쳐 밀전병을 만들고, 그 위에 여러 재료를 넣어 뒤집은 뒤 밀전병을 뚜껑 삼아 찐다. 그리고 그 위에 면과 숙주를 올려 같이 내는 것이 특징이다. 여러 재료를 섞어서 한꺼번에 굽는 간사이와는 전혀 다른 방식이다.

가장 베이직한 오코노미야키는 돼지고기가 들어간 부타타마(豚玉)와 새우가 들어간 에비타마(エビ玉)이다. 그렇지만 나는 가게에 들어가면 꼭 '모던야키(モダン焼き)'를 시킨다. 삶은 후에 적당히 구운 면을 오코노미야키에 올려서 나오는 음식인데, 오코노미야키의 종류에 따라서는 그냥 평범한 히로시마 풍으로 보일 때가 있다. 히로시마 지방에서 오코노미야키를 먹지 않는 이상, 다른 지방에서는 모던야키라고 하면 오코노미야키 + 면의 퓨전 음식이라고 통할테니 말이다. 보통 오코노미야키 집에 친구와 가면 오코노미야키와 또 다른 메뉴인 야키소바를 한 개씩 시켜서 나눠 먹는 경우가 많지만, 모던야키를 시키는 순간 괜시리 두 마리 토끼를 한 번에 잡은 기분이 들기 때문에 항상 먹게 된다. 여행 도중에 오코노미야키와 야키소바가 동시에 먹고 싶다면 이 모던야키를 적극 추천한다.

오코노미야키 맛집

◆ 키지 お好み焼き きじ

이름 : 오코노미야키 키지 본점(お好み焼き きじ 本店)

주소 : 신우메다 식당가 9-20, Kakudacho, Kita-ku, Osaka-shi, Osaka (大阪府大阪市北区角田町9-20 新梅田食道街 1F・2F)

영업시간 : 11:30 ~ 21:30(일요일 휴무)

신우메다 식당가 2층에 위치한 이 집은 사람들이 줄을 길게 설 정도로 인기가 많은 가게이다. 폭신폭신한 감촉의 오코노미야키에 독특한 풍미를 풍기는 일본식 깻잎인 오오바(大葉)가 들어가 있어 끊을 수 없는 맛을 만든다. 인기 메뉴는 모던야키이지만 일반 모던야키와 다르게 마치 오믈렛을 떠오르게 만드는 비주얼이다.

◈ 어머니 オモニ

이름 : 츠루하시 오코노미야키 어머니(鶴橋 お好み焼き オモニ)

주소 : 3-3-2, Momodani, Ikuno-ku, Osaka-shi, Osaka(大阪府大阪市生野区桃谷3-3-2)

영업시간 : 11:00 ~ 22:00

오사카 코리안 타운으로 유명한 츠루하시(鶴橋)에 본점이 있다.(그러면 이제 가게 이름이 어머니인 이유를 알 것이다.) 한국 및 일본 연예인들도 자주 찾는 가게라고 한다. 제대로 뒤집기 힘들 정도로 재료가 많은 것이 특징이고, 인기 메뉴는 돼지, 오징어, 새우, 관자와 달걀이 들어간 어머니야키(オモニ焼き)라고 한다.

그 외 오사카 먹거리

◈ 쿠시카츠 다루마

이름 : 쿠시카츠 다루마 난바 본점(串カツ だるま なんば本店)

주소 : 1-5-24, Nanba, Chuo-ku, Osaka-shi, Osaka(大阪府大阪市中央区難波1-5-24)

영업시간 : 12:00 ~ 22:30

오사카 3대 서민 음식 중 하나인 쿠시카츠를 먹고 싶다면 쿠시카츠 다루마에 가보자. 가게 앞에 가면 꼬치를 들고 있는 아저씨가 인상적이다. 한국인들에게도 유명한지 한국어 메뉴도 있다고 한다. 여러 꼬치를 먹어 보고 싶으면 1,400엔에 9개의 꼬치와 1가지 요리를 선택할 수 있는 신세카이 세트

(新世界セット)에 주목하자. 꼬치를 소스에 두 번 담그는 것은 NG라고 하니 주의하자!

◆ **리쿠로 오지상 치즈케이크** りくろーおじさんチーズケーキ

이름 : 리쿠로 오지상 치즈케익 난바 본점(りくろーおじさんチーズケーキ なんば本店)

주소 : 3-2-28, Nanba, Chuo-ku, Osaka-shi, Osaka(大阪府大阪市中央区難波1-7-21)

영업시간 : 9:30 ~ 21:30

딸랑딸랑, 갓 구운 치즈 케이크가 나왔다는 소리다. 갈 때마다 언제나 줄이 길어서 적어도 15분은 기다려야 받을 수 있는 이 치즈 케이크는 오사카에서 먹어야 할 먹거리 중 하나이다. 케이크 위에 할아버지 낙인이 찍혀 있는 이 치즈 케이크는 덴마크에서 직접 공수해 온 크림치즈로 만든다고 한다. 입에서 살살 녹는 맛이니 치즈 케이크를 사랑하는 사람에게 추천하는 맛집이다.

자연과 콘크리트,
그리고 안도 다다오

 안도 다다오, 나의 영원한 우상이자 내가 일본에서 건축을 배워야겠다고 마음을 먹었던 이유이다. 안도 다다오를 표현하는 수식어는 굉장히 많다. 독학으로 건축 거장이 된 사람, 일본 최고의 건축가, 현대 건축의 거장, 빛과 콘크리트의 마술사, 1995년 프리츠커 상 수상자, 건축 괴짜 등등⋯ 그리고 많은 한국인 건축학도에게 일본인 건축가에 대해서 누구를 아느냐라고 물으면 안도 다다오가 가장 많이 나올 정도로 그는 한국 건축업계에게도 많은 영향을 끼쳤다. 그렇다면 우리는 안도 다다오에 대해서 얼마나 알고 있을까? 이번에는 그가 보내온 일생에 대해서 소개해보고자 한다.

안도 다다오(安藤忠雄)는 태어날 때부터 기구한 운명이었다. 1941년 9월 13일 오사카 미나토 구에서 태어났지만, 외동딸이었던 어머니의 집안인 '안도(安藤)'를 잇기 위해 태어나기 전부터 조부모의 양자가 되었고 그들 밑에서 자랐다. 쌍둥이 동생과 그 밑 동생의 성은 '키타야마(北山)'로, 동생 둘 다 건축업계와 관련이 깊다. 공고를 다니면서 권투 선수로 삶을 시작했지만 (닉네임은 그레이트 안도였다고 한다.), 파이팅 하라다[1]의 연습 풍경을 보고 재능을 이길 수 없다는 생각에 복서의 길을 그만뒀다. 공고를 졸업한 뒤 목공소에서 일을 하던 때에 헌 책방에서 르 코르뷔지에의 설계 도면을 보고 '이거다!'라고 직감한 뒤, 르 코르뷔지에의 도면과 드로잉을 몇 번이고 모사하고 건축가들의 전기를 읽으며 건축가의 길을 걷기 시작했다.

안도는 24살 때 르 코르뷔지에의 모든 건축물을 망라하기 위해 7개월이란 긴 기간동안 유럽과 인도를 유랑하기 시작했다. 사실 안도 다다오는 르 코르뷔지에를 만날 기회가 있었는데, 그가 프랑스 파리에 도착하기 불과 몇 주 전에 르 코르뷔지에가 타계했다. 비록 르 코르뷔지에는 직접 만나지 못했지만 건축물을 직접 찾아가면서 그의 건축적 정신을 흡수하려고 했다. 그가 르 코르뷔지에를 건축의 스승으로 섬기는 이유는 자신처럼 건축을 독학으로 배운 점, 기성 세대와 싸워 나가면서 새로운 길을 개척해간 점, 그리고 많은 실패를 맛봤지만 몇번이고 새로 도전한 점이라고 한다. 자신의 애완견 이름도 '르 코르뷔지에'라고 지었을 정도로 안도 다다오에게 있어서 르 코르뷔지에는 동경의 대상을 넘어서 신적인 존재가 된 것이다. 이렇게 르 코르뷔지에만을 바라보면서 건축을 해온 안도 다다오가 만약 르 코르뷔지에와 만날 수 있었다면 지금의 그가 어떻게 되었을지, 궁금하기까지 하다.

---

1 파이팅 하라다(ファイティング原田)는 일본 전 프로 복서이다. 본명은 하라다 마사히코(原田政彦)로, 아시아인 최초로 세계 복싱의 플라이급과 벤텀급 두 체급을 제패했으며 동양 복싱의 선구자적인 존재이다.

안도 다다오 건축의 특징은 앞에서 언급했다시피 노출 콘크리트 건물에 자연을 넣는다는 점이다. 누구나 쉽게 접하고 구할 수 있는 재료인 딱딱한 시멘트를 이용해 빛과 바람, 물의 자연적인 특징을 극대화시키면서 건축물을 '살아 있게' 만든다. 콘크리트가 새하얀 도화지가 되고, 자연이 그 도화지를 채우는 물감 같은 역할인 것이다. 그렇지만 콘크리트를 사용한 이유에 이런 미적인 얘기만 있는 것은 아니다. 1970년대 그는 제한된 예산과 대지에 최대의 공간을 만들기 위해 값싼 시멘트를 사용해야 했다. 그런데 이것이 결과적으로 다른 재료를 사용하지 않고 콘크리트만으로 풍요로운 공간을 창조해야 한다는 새로운 도전이 된 것이다. 그의 사상과 작품을 더 알고 싶으면 '나, 건축가 안도 다다오'라는 책을 읽어 보자. 이 책은 나에게 있어서 그를 배울 수 있는 바이블과 같은 책이다.

안도 다다오와 관련된 일화 중에서 가장 기억에 남는 것 첫 번째는 안도 다다오의 노출 콘크리트는 그냥 나오는 것이 아니라는 점이다. 안도 다다오의 콘크리트를 보면 일반 노출 콘크리트와 다르게 입자가 곱고 아름다운 것을 알 수 있다. 그가 인부들에게 콘크리트를 하나하나 고운 사포로 갈도록 하기 때문이다. 그리고 노출 콘크리트의 특징 중 하나인 구멍들도 하나하나 곱게 간다고 하니, 정말 공사 인력들이 죽어날 만하다. 또 다른 일화는, 안도 다다오는 클라이언트가 의뢰한 건축물이 완성되고 나서 감사한 마음을 담아 직접 그린 드로잉을 보낸다고 한다. 이 얘기를 듣고 '클라이언트와의 나름의 커뮤니케이션을 하고 있구나' 라는 생각을 했다. 올해로 78살인 안도 다다오는 사실 2009년에 쓸개암과 십이지장암으로 인해 쓸개와 십이지장을 적출했고, 2014년 7월에는 췌장에도 암이 발견돼 췌장과 비장을 적출하는 수술을 받았다. 그렇지만 아직 팔팔하게 건축 작업을 하고 있으니, 앞으로도 그의 작품을 볼 수 있다고 안심할 수 있었다.

여담이지만 학부 1학년 말에 안도 다다오가 대학으로 강연을 왔었다. 그 강연은 금방 만석이 되었고 나는 평소에 존경하던 그를 실제로 본다는 것에 엄청난 설렘을 안고 강연을 들으러 갔다. 강연은 2시간 정도였는데, 정작 나는 심한 간사이 사투리를 구사하는 그의 강연의 절반 이상을 못 알아들었다. 그런 와중에 스미요시 주택에 대해 설명할 때 '그깟 화장실 6, 7시간 정도 참을 수 있잖아!' 라는 소리 하나만은 찰떡같이 알아들었고, 이 한마디는 나에게 굉장히 충격이었다. 괴팍한 성격의 소유자라는 생각은 물론 했지만, 건축을 위해서 사람들의 행동에 제약을 걸 수 있다는 무시무시한 의미로도 들렸다. 이런 패기를 기반으로 지은 건물이니 당연히 모든 사람이 설득당할 수밖에, 라고 몇 번이고 안도 다다오의 말을 곱씹었다. 건축에 대해서 패기 넘치는 완벽주의자인 안도 다다오는 언제나 나의 우상이었고, 나 말고도 그를 통해서 건축을 시작하는 사람들이 아직까지도 많을 것이다. 그가 르 코르뷔지에를 보면서 꿈을 키웠던 것처럼.

시간을 내서 찾아가 보는, 특별한 오사카만의 건축

오사카 3일차

오사카 3일차. 앞의 두 장은 많은 관광객이 보러 가는 유명한 건축물들에 대해서 이야기를 나누었다면, 이번 장은 다른 장과는 조금 다르다. 오사카 시내에서 특별한 건축물이 보고 싶을 때 시간을 내서 보러 갈 만한 건축물에 대해서 설명하고자 한다. 다른 관광지에 비해서 많이 알려져 있지 않지만, 오사카의 숨겨진 보석같은 건축물들이다. 건축을 7년간 공부한 저자가 보장하는, 일부러 시간을 내서 방문할 가치가 있는 건축물이다.

'도대체 오사카에서 무엇을 보면 좋은 거야!' 유명하다는 건축물을 어느 정도 돌고 난 뒤, 오사카에서 무엇을 하면 좋을까 깊은 고민에 빠졌다. 나는 다른 한국인 관광객과 다르게 일본 도쿄에 오랫동안 살고 있으니, 일본 음식도 질릴 대로 질렸고 드럭스토어에 있는 물건들은 이미 자취방에 구비되어 있으며, 그렇다고 해서 공항에서 한 번만 경험할 수 있는 면세 찬스가 있는 것도 아니었다.

그렇다면 일단 길거리를 걸어보자! 일단 무작정 걷다보면 무언가 즐거운 일들을 발견할 수 있을 것이라고 믿었던 나는 카메라 한 대만 가지고 오사카 시내를 걷기 시작했다. 그러다가 목적 없이 걷는 것은 에너지를 너무 소모하는 것이 아닐까 하고, 누구나 찾는 관광지인 오사카 성으로 향했다. 여느 관광객처럼 나 또한 오사카 성 앞에서 인증샷을 남긴 뒤에 들어왔던 출구와 반대편으로 나가니, 신기한 건축물 하나가 내 눈을 의심하게 만들었다.

역사가 숨쉬는 오사카 성 앞에서 만나는, 오사카 역사박물관(大阪歷史博物館)

위치
오사카 부 오사카 시 츄오 구 오테마에 4-1-32(大阪府大阪市中央区大手前4-1-32)

설계
日本設計, NTT퍼실리티스, 씨저펠리 & Associates
(共同設計/NHK技術局開発センター(建築技術)大阪市住宅局営繕部NTTファシリティーズシーザペリ＆アソシエイツ)

준공
2001년

아니, 건물과 건물 사이에 이상한 구체가 박혀 있다니! 저건 도대체 뭐 하는 건물이지 하고, 오사카 성을 나오자마자 그 건축물로 한달음에 달려갔다. 그곳은 바로 '오사카 역사박물관'이었던 것이다. 오사카 역사박물관(大阪歷史博物館)은 이름 그대로 약 1500년에 이르는 오사카의 과거를 소개하고 직접 그 역사를 체험하는 곳이다. 나니와 궁(難波宮) 옛터에서 발굴된 유적을 전시하고, 건물 최상층에서 실제 스케일의 나니와 궁 대극전 복원 전시부터 현재에 이르기까지의 역사를 소개하고 있다. 오사카 성이 내려다보이는 훌륭한

전망을 감상할 수 있어서, 오사카의 과거와 현재의 아름다운 조화를 한 번
더 생각하게 만든다.

　박물관의 위치는 실제 나니와 유적의 배치를 고려해서 설계되었고, 박물
관의 길쭉한 타원형 모양은 각도를 살짝 틀어 꼭짓점이 오사카성 천수각으
로 향한다. 이러한 설계는 역사적 건축과 현대적인 건축이 함께 공존하고 있
음을 보여주고 있다. 그리고 처음부터 관광객의 눈에 확 띄는 구체형 아트리
움은 박물관 뒤에 있는 NHK방송회관과 박물관을 연결하는 공간으로써 홀
이나 카페 등의 공간이 들어서 있다. 그리고 사람들의 눈을 피로하지 않도록
하기 위해 최대한 개방적인 유리와 철골을 사용해 바깥 조망도 가능하게끔
만들어져 있다. 남들과는 다른 역사를 기반으로 한 여행을 하고 싶다면, 역
사박물관 안에서의 시간 여행은 어떨까?

함께 걷는 건축 여행, 일본 간사이로 가자

금속 오브제의 곡선미가 넘치는, 국립 국제 미술관(国立国際美術館)

위치
오사카 부 오사카 시 키타 구 나카노시마 4-2-55(大阪府大阪市北区中之島4-2-55)
설계
시저 펠리
준공
2004년

나는 건축물 기행에 지쳐 오사카에서 볼만한 예술 전시가 없을까 하고 검색을 하던 도중, 마침 야간 개장을 하던 국립 국제 미술관으로 향했다. 사실 미술관 소개에 실려 있던 미술관의 사진이 전시 내용만큼이나 궁금했던 이유도 한몫했다.

국립 국제 미술관(国立国際美術館)은 1970년 일본 만국 박람회[1] 개최에 맞추어 건설된 '만국박미술관(万国博美術館)'을 재이용해 개관을 한 것이 시초다. 그러나 노후화, 미술품 수장 공간 부족 등의 원인으로 미술관을 부수고 개보수를 거쳐, 최종적으로 2004년 11월에 현대 미술을 중심으로 전시하는 지금 형태의 미술관으로 탈바꿈하였다. 미술관은 보통 지상에 공간을 두지만, 국립 국제 미술관은 1층에는 금속 오브제만이 존재하고 지하 3층으로 구성이 되어 있는 완전 지하형 미술관이다.

설계는 아르헨티나 출신의 건축가인 시저 펠리(Cesar Pelli)가 담당했다.

---

[1] 만국박람회(万国博覧会) 또는 세계 박람회는 19세기 중반부터 열리고 있는 세계 최대 공공 박람회로 유치 조건과 박람회의 비전에 맞는 개최지를 찾아 여러 나라에서 열린다. 우리나라에서는 1993년에 대전 엑스포, 2012년에 여수 엑스포가 개최되었다.

그의 건축적 특징인 굴곡 있는 설계와 금속 소재의 사용이 미술관 입구의 오브제에 그대로 반영되어 있다. 자유로운 곡선의 엔트런스 게이트는 미술관 자체뿐만 아니라 그 지역의 랜드마크로 자리매김할 수 있도록 디자인성이 높은 오브제를 목표로 설정했다. 단순해 보이지만 사실 치밀한 설계로 이루어진 3차원 커브 곡선은 미술관의 정체성을 표현하고, 바로 옆에 인접해있는 과학관의 모양, 건설 부지 조건 등 많은 주변 환경을 분석한 뒤 클라이언트가 가지는 비전을 모형으로 만들어서 몇 번이고 검토한 뒤에 탄생했다고 한다.

미술관 안 전시 공간은 지하 1층부터 지하 3층까지로 구성되어 있다. 바깥에서 보았을 때보다 훨씬 더 깊고 넓은 공간에 깜짝 놀랄 것이다. 방문 전에는 1시간이면 충분히 구경할 수 있겠지 싶었지만, 막상 전시가 너무 재밌기도 했고 전시 공간이 너무나 넓어서 2시간 반 정도 소요됐었다. 상설 전시도 있지만 기획 전시도 다양하게 열리는 편이니, 현대 미술에 관심이 많다면 사전에 홈페이지를 방문하여 전시회 일정을 확인해 보고 가는 것도 좋을 듯싶다. 다른 미술관과 같이 보통은 17시에 문을 닫지만, 금요일과 토요일에는 20시까지 운영하므로 관광을 끝내고 여유롭게 미술관을 관람할 수 있을 것이다. 무엇보다 노을이 지는 시간에 보는 금속 오브제의 빛나는 모습은 정말 웅장하니 저녁에 관람하는 것을 추천한다! 심지어 오사카 주유패스로 무료 입장이 가능하니, 미술에 관심 있는 사람에게 적극 추천한다.

세상을 향해 실험 중인 친환경 집합 주택, NEXT 21

위치
오사카 부 오사카 시 텐노지 구 시미즈다니쵸 6-16(大阪府大阪市天王寺区清水谷町6-16)
설계
오사카 가스 NEXT 21 건설위원회
준공
1993년

이번에 소개할 곳은 유명한 건축가가 지은 곳도, 많은 사람이 이용하는 곳도 아니다. 그렇지만 이 실험적인 콘셉트는 여느 건축물보다 더 대단한 의의를 가지고 있다. 왜냐하면 이 건물에서 실험하는 내용들은 결국 지구에 살고 있는 인간을 위한 것이기 때문이다.

'NEXT 21'은 '오사카 가스(大阪ガス)'라는 가스 회사가 '환경과의 공생'을 테마로, 실제 사원이 직접 거주하면서 여러 실험을 하고 결과를 도출하는 굉장히 실험적인 집합 주택이다. 1994년부터 약 5년 단위로 거주에 관한 실험을 계속하고 있으며, 현재는 '친환경적이고 마음 편한 생활'을 목표로 2013년부터 2020년까지 4번째 거주 실험을 하고 있다. 주로 고령화에 대응하는 주거 환경이나 빗물을 정수해서 사용하는 등, 앞으로도 지속가능한 주거 형태에 대한 신 주거 건축에 도전하고 있다.

NEXT 21을 눈앞에 두게 되면 건축물의 외관보다 수많은 식물들이 먼저 눈에 들어온다. 옥상정원 등을 포함하면 건물의 절반이 넘는 면적에 식물들이 자라고 있고 그러다 보니 야생 조류가 찾아오기도 한다. 건축물 자체는

골격과 내부 요소가 분리되어 있는 '스켈레톤 앤드 인필(skeleton & infill) 형식'을 채택해 자유로운 설비 배치를 적용할 수 있다. 대담하게 주거공간을 교체하면서 지속 가능한 집합 주택의 가능성을 찾기 위한 최고의 구조 형식을 적용한 것이 아닌가 싶다. 사람이 살고 있는(프라이버시가 중요한) 거주 시설이다 보니 건물 내부를 구경할 수 없었지만, 특이한 입면과 외관에 달려있는 측정기나 자연만으로도 주위 주거공간과는 다른 느낌을 받을 수 있었다. 살고 있는 사원들에게는 물론이고 주위에 살고 있는 주민들에게도 환경의 중요성을 호소하고 있는 건축물이라고, 1층 중정에 앉아 한참을 생각했다. 매일매일 새로운 국면과 맞닥뜨리면서 미래를 위해 연구하는 이런 집합 주택에서 살아보고 싶다.

NEXT 21 스켈레톤 앤드 인필 구조

동화 같은 건축이 보고 싶다면, 오사카 시 환경국 마이시마 공장과 마이시마 쓰레기 소각장 (大阪市環境局 舞洲工場+舞洲スラッジセンター)

위치
오사카 부 오사카 시 고노하나 구 호쿠코시라츠 1-2-48(大阪府大阪市此花区北港白津1-2-48)
설계
프리덴스라이히 훈데르트바서
준공
2001년

일본, 아니 아시아에서 찾아보기 힘든 건축물이 보고 싶다면 이곳으로 가자. 자료 조사 당시, 설계자 이름만으로 건축물의 생김새가 대충 눈에 그려지는 듯 했다. 그리고 '일본에서는 절대 볼 수 없는 건축물이니까 소개해야겠다.'고 이미 마음을 먹었다. 다만 오사카 시내에서 가기 매우 불편한 위치에 있다는 점이 아쉽다. 유니버설 스튜디오가 있는 사쿠라지마 역(桜島駅)에서 2계통 마이시마 액티브버스(2系統 舞洲アクティブバス)를 타고 환경시설조합 앞(環境施設組合前)에서 하차하면 된다. 실제로 오사카 시내에서 약 30~40분의 시간을 투자해서 가야하는 건축물이지만, 이번 장에서만큼은 나를 믿어도 좋다. 화려한 외관만큼은 배신하지 않을 건축물이니까.

외관을 살펴보기 전에 이 건축물을 설계한 건축가인 '프리덴스라이히 훈데르트바서'에 대해서 알아보자. 풀네임을 얘기하면 프리덴스라이히 레겐타크 둥켈분트 훈데르트바서(Friedensreich Regentag Dunkelbunt Hun-

dertwasser)로, 이름에서 풍겨오는 분위기로 알 수 있듯 오스트리아의 건축가이자, 화가이며 환경 운동가이다. 물론 이렇게 긴 이름은 그의 본명이 아니다. 본명은 프리드리히 스토바서(Friedrich Stowasser)이지만, 자연을 너무나 사랑하는 마음에 스스로 '평화롭고 풍요로운 곳에 흐르는 백 개의 강'이라는 이름으로 개명한 것이다. 그는 어렸을 때부터 색채와 형태에 대해 남다른 감각을 지니고 있었다고 한다. 1948년에 3개월간 빈 예술 대학의 앤더슨 교수 밑에서 미술 공부를 하고 1950년 에콜 데 보자르에 입학했으나 하루만에 자퇴한 후 자유분방하게 그림을 그리기 시작했다고 한다.

그림 천재인 그가 어떻게 건축을 시작하게 되었을까? 훈데르트바서는 기능주의와 실용주의에 기반을 둔 현대 건축물이 세상을 병들게 한다고 생각했고, 메마른 도시에 자연친화적인 재료를 사용하거나 자연의 곡선을 이용해서 생명을 불어넣을 수 있다고 믿었다. 이러한 주장은 그에게 '건축 치료사'라는 독특한 별명도 지어주었다.
건축물의 색감 또한 녹색이나 짙은
갈색 등 자연에서 많이 볼 수 있는 색
을 사용하였고, 지붕을 풀과 나무로
덮거나 곡선을 많이 사용하면서 자
연과 동화되는 건축물을 지었다. 사

오스트리아 빈에 있는 슈피텔라우 쓰레기 소각장

실 그의 작품을 제대로 표현하기에는 말보다는 사진이다. 그의 건축적인 작
품에 대해서 알고 싶으면 그가 처음 설계한 소각장인 '슈피텔라우 쓰레기 소
각장(Mullverbrennungsanlage Spittelau)'을 찾아보자. 엄청난 곡선과 색
채에 몇 번이고 놀랄 것이다.

　마이시마 쓰레기 소각장과 공장은 슈피텔라우 쓰레기 소각장과 비슷한
외관을 가지고 있다. 마이시마 쓰레기 소각장은 인공섬을 나무로 덮어 자연
과 공생하는 것을 목표로 하고 있던 마이시마에, 랜드마크적인 건축물을 짓
고 싶다는 것이 목표였다. 그와 동시에 일본에 올림픽을 유치하기 위해 노
력하고 있던 당시 올림픽 유치 위원회 일원인 오사카 시가 독특한 외관의
소각장을 지었던 경력이 있던 훈데르트바서에게 디자인을 의뢰했다. 불타
오르는 화염같은 빨강과 노랑의 스트라이프와 500개가 넘는 창문, 커다란
나무와 같은 굴뚝 등. 굉장히 독창적인 디자인이다. 참고로 공사비는 쓰레
기 소각장 609억 엔, 도시관광국 800억 엔, 총 1,409억 엔이라는 말도 안 되
는 가격이었다고 한다. 건축물 주위에는 훈데르트바서가 디자인했다는 것
을 여실히 드러내는 공원이 조성되어 있어서 천천히 관람도 가능했다. 이런
멋진 쓰레기 소각장, 이런 자유로운 외관과는 사뭇(?) 다르게 안에는 평범
한 기능과 설비가 들어가 있다. 미리 견학 신청을 하거나, '오픈 데이'라는 예

약 없이 자유롭게 견학 가능한 날에는 무료로 내부 견학도 가능하나고 한다.

　마이시마 쓰레기 소각장과 공장을 둘러보는 데는 약 1시간 정도 걸렸던 것 같다. 확실히 화려한 외관을 가지고 있는 건축물인지라 사진을 찍는 데만도 시간을 더 많이 잡아먹는데다, 시내에서 가기 불편한 장소다 보니 이동한 시간까지 포함하면 2시간 정도 걸린다. 상대적으로 먼 마이시마 쓰레기 소각장이 아닌, 오사카 시내에서 훈데르트바서의 또 다른 작품을 찾고 싶다면 '키즈플라자 오사카(キッズプラザ大阪)'에 방문해보자. 오사카 역에서 한 정거장만 가면 되니, 좀 더 수월하게 훈데르트바서의 작품을 찾아볼 수 있을 것이다.(위치 : 오사카 부 오사카 시 키타 구 오기마치 2-1-7(大阪府大阪市北区扇町2-1-7))

여행 중 여유는,
만박 기념 공원(万博記念公園)에서

위치
오사카 부 스이타 시 센리반파쿠코엔 1-1(大阪府吹田市千里万博公園1-1)

　마지막으로 소개할 곳은 건축물이 아니라 '공원'이다. 바쁘게 여행을 다니고 있는 도중에 여유롭게 휴식을 즐기고 싶다면 이 공간을 사랑하게 될 것이다. 안도 다다오의 빛의 교회를 견학하고 난 후 교회에 계시던 분들에게 추천하는 관광 스팟이 없냐는 질문을 던졌을 때, 하나같이 만박 기념 공원을 제일 먼저 알려주신 것을 보면 현지인들에게 많은 사랑을 받는 공원인 모양이다. 또한 '예술은 폭발이다(芸術は爆発だ)'라는 유명한 명언을 남긴 일본 최고의 아티스트 오카모토 타로(岡本太郎)가 만든 박람회의 심볼인 '태양의 탑'이 만박 기념 공원 안에 있다는 얘기를 듣고 공원으로 향했다.

　빛의 교회에서 걸어서 30분 정도 거리에 위치한 만박 기념 공원(万博記念公園)은 일본 만국 박람회 때의 건물이 철거된 뒤 조성한 공원이다. 약 260헥타르나 되는 거대한 부지 안에는 당시 전시 시설 일부를 비롯해서 일본 정원, 일본 민예관 등의 일본 정원 지구와 꽃과 나무를 즐길 수 있는 자연문화원 지구, 바베큐 시설과 스포츠 시설, 온천 등의 문화 및 스포츠 시설 등, 정말 여러 장소가 존재한다. 사계절 내내 자연과 문화를 즐길 수 있기 때문

에, 일본 자연에서 인생 사진을 건지기에는 최고의 장소가 아닐까 싶다. 특히 봄에 가면 모든 공원 부지에 벚꽃이 만개하고 있을테니, 아름다운 벚꽃을 배경으로 인생샷을 남기기에 최적인 곳이다.

공원 안 어디를 가더라도 그 모습이 보이는, 공원의 상징적인 존재인 '태양의 탑(太陽の塔)'은 1970년 일본 만국 박람회를 위해 오카모토 타로가 특별히 제작한 예술 작품이다. 높이 70m에 팔 길이가 25m나 되는 이 탑은 '미래'를 표현한 황금 얼굴과 '현재'를 표현하는 몸의 태양, '과거'를 표현하

는 등의 검은 태양으로 이루어져 있다. 보는 각도에 따라 탑의 표정도 질감
도 시시각각 변하기 때문에 공원에 있는 동안 태양의 탑의 새로운 모습을 몇
번이고 즐길 수 있을 것이다. 그리고 태양의 탑 근처에 있는 금속제 기둥 전
시물은 만국 박람회에 세워졌던 건물 지붕의 일부이며, 건축가 단게 겐조의
설계로 만들어진 지붕이라고 하니 꼭 만나보자.

일본에서 듣는 차진 일본어,
간사이 방언에 대해서

　나는 심심하거나 일본어 듣기가 유난히 안 되는 날에는 가끔 유튜브에서 일본 코미디언들이 나오는 일본 티비 개그쇼를 찾아보는 경우가 있다. 그렇지만 일본 생활이 7년차에 접어들었어도 개그들을 볼 때마다 속 시원하게 웃지를 못한다. 물론 개그가 재미가 없는 경우도 당연히 있지만(아마 한국인과 코드가 안 맞는 경우도 있는 것 같다.), 대부분의 경우는 코미디언이 간사이 사투리인 '간사이벤'을 구사하기 때문이다.

　간사이벤(関西弁) 또는 킨키 방언은 간사이 지방에서 사용하는 사투리를 통합적으로 말하는 말이다. 우리나라의 경상 사투리도 대구와 부산이 다르듯, 같은 간사이벤이라도 교토와 오사카, 고베 사투리도 미묘하게 다르다. 그렇지만 보통 간사이벤이라고 하면 오사카 방언을 머릿속에 떠올리는 경우가 많다. 오사카가 워낙 일본 내에서도 특별한 취급을 받기 때문일 것이다.

　이곳에서는 언어학적으로 구구절절 사투리를 설명하기보다는, 일본 방송에서 쉽게 접하는 간사이벤을 몇 가지 배워보자. 가장 기본은 '난데야넨!(なんでやねん!)'이라는 말이다. 굳이 의역을 하자면 '뭐라카노!' 이지 않을까 싶다. 한국어 의역을 보면 알 수 있지만, 상대방에게 딴지(일본어로는 츳코미(つっこみ)라고 한다)을 걸 때 많이 사용한다. 이 말을 사용할 때는 상대방의 바보같은 행동이 먼저 있어야 한다. 누군가가 말도 안 되는 발언을 하거나 슬랩스틱 코미디 같은 상황이 만들어졌다면, 주저 없이 이 표현을 써

보자. 언제나 유쾌한 오사카인이기 때문에 모든 일상이 코미디처럼 보이는 것이고, 그런 즐거운 상황에서 항상 빠질 수 없는 간사이 사투리가 바로 이 '난데야넨'이다.

그다음에 소개하고 싶은 단어는 '아호(アホ)'다. 여러분은 바보가 일본어로 '바카(バカ)'인 것은 알고 있을 것이다. 도쿄에서 바보를 '바카'라고 한다면, 간사이벤으로는 바보는 바로 '아호'라는 표현을 쓴다.(사실 좋은 말을 소개해주고 싶었지만 이것만큼 간사이벤을 잘 설명할 수 있는 단어가 머릿속에 떠오르지 않는다.) '아호'라는 표현은 도쿄를 포함한 간토 지방에서는 거의 쓰이지 않고, 만약 쓰인다고 해도 정말 굴욕적인 상황에 처했을 때만 쓰게 된다. 그렇지만 간사이에서는 '아호'라는 표현은 애정이 담긴 애칭이라고 말할 수 있다. 만약 누군가 '아호야나~(アホやな. 여기서 야나 는 '~구나'라는 뜻)'라는 표현을 쓰면 '귀여운 놈이구나 이자식~' 정도의 친밀감과 애정이 듬뿍 담긴 뜻으로 해석할 수 있다. 그래도 상황에 따라서는 정말 한심한

사람이라는 표현도 있으니 주의하자!

마지막으로는 마이도(每度)! 오사카에서 여느 가게를 들어갈 때마다 이 표현을 듣게 될 것이다. '마이도'라는 표현은 손님이 방문하면 맨 처음 건네는 인사와 같은 말이다. 직역하면 '매번'이라는 뜻인데, '매번 감사합니다' 또는 '매번 신세가 많습니다'라는 말이 생략되면서 생긴 말이다. 물론 직접 손님을 만났을 때 가장 많이 쓰지만, '여보세요'라는 말 대신에도 사용하는 경우가 종종 있다. 밥을 먹으러 가거나 쇼핑하거나 등등 가게에 들어갈 경우가 있으면 한번 귀를 기울여서 그들이 외치는 소리를 들어보자. 주인이 힘차게 여러분에게 인사를 건넬 것이다. 마이도!

간사이 여행이 테마인 책이니 간사이벤 예시를 조금 찾아보았다. 오사카에서 만나는 일본인들에게 친숙하게 간사이벤으로 말을 건네 보는 건 어떨까? 여러분은 바로 일본에서의 로버트 할리로 새롭게 태어날 수도 있는 것이다. 유쾌한 오사카인은 여러분의 간사이 사투리를 다 받아줄 것이다.

간사이 사투리	한국어	일본 표준어
めっちゃ(멧쨔)	매우	とても(토테모)
ごっつ(곳츠)		すごく(스고쿠)
ほんま(혼마)	정말	本当(혼토)
ええ(에에)	좋다	いい(이이)
	필요 없다	いらない(이라나이)
おおきに(오오키니)	고맙다	ありがとう(아리가토우)
ちゃう(쨔우)	다르다	違う(치가우)
あかん(아캉)	불가능하다	ダメだ、いけない (다메, 이케나이)
しんどい(신도이)	힘이 들다, 골치 아프다	疲れる(츠카레루)
なんぼ(난보)	얼마?	いくら(이쿠라)

일본의 서양화?
일본의 메이지 유신과 건축

몇 년 전 좋은 기회로 유럽을 길게 여행할 수 있었다. 그때 만났던 많은 유럽 사람들은 대부분 일본에 대해 호감을 가지고 있었으며, 기회가 된다면 일본에 방문하고 싶다는 이야기를 종종 하곤 했다. 지구 반대편 사람들도 오고 싶어 하는 일본. 왜 일본이라는 나라가 세계적으로 유명해지게 되었을까?

에도 막부 시대의 일본은 무역과 외교를 독점하기 위해 오랫동안 쇄국 정책을 유지해 왔다. 그러나 강해져만 가는 서양 세력의 제국주의와 함께, 1853년 미국의 동인도 함대 사령관이었던 매슈 페리 제독은 개국 요구 국서를 가지고 일본에 오게 되었다. 처음 막부는 쇄국 정책을 끝까지 지키려고 했지만, 고민 끝에 쇄국 정책을 포기하고 1854년 미국과의 화친조약을 시작으로 영국, 러시아, 네덜란드, 프랑스 등 여러 나라와 불평등한 조약을 맺게 되었다. 이런 굴욕적인 조약을 체결했다는 이유로 반발하기 시작한 반(反)막부 세력이 일어나 막부 정부와 대립하게 된다. 결국 당시 막부가 메이지 일왕에게 통치권을 반납하고(대정봉환), 막부를 폐지하고 1868년에 새로운 정부를 수립하면서(왕정복고) 진정한 개혁이 시작되었다. 이렇게 쇄국 정책에서 중앙 집권적 권력을 가지고 개혁을 시작한 과정을 통틀어서 메이지 유신(明治維新)이라고 부른다.

메이지 유신으로 길었던 쇄국 정책이 끝이 나고, 일본은 부국강병을 목표로 서양 국가를 모델로 삼아 근대화를 진행했다. 그와 동시에 외국과의 교류가 활발해지면서 서양 문화가 급속하게 일본 안으로 침투하기 시작했다. 이를 '문명개화(文明開化)'라고 한다. 이와 함께 일본은 획기적인 변화를 이룩했고, 도쿄를 비롯한 큰 도시에서는 일본스럽지 않은 다른 새로운 문화나 생활 양식이 출현하기 시작했다. 사람들은 양복을 즐겨 입기 시작했고, 카레라이스 등의 양식이 인기를 끌었으며, 인력거나 마차철도를 이용하면서 도시 생활에 새로운 바람이 불기 시작했다. 이 시대에는 근대화와 서양화가 같은 의미로서 사용되었기 때문에, 정부 측이 발벗고 나서서 서양화를 환영했다. '서양의 것이면 무엇이든 좋다'라는 말이 있었을 정도니.

 그렇다면 서양화가 진행되던 당시 일본의 건축업계에는 어떠한 일이 있었을까? 메이지 유신 이후로, 호텔이나 서양식 공장, 초등학교, 병원 등 새로운 기능을 가진 시설이 점점 전국적으로 퍼지기 시작했다. 서양적인 기능이 들어간 시설은 선진 문물을 받아들이기 위해 데려온 서양 건축가에 의해 지어지는 경우가 많았다. 목조 건물이 주를 이루던 일본에, 벽돌에 의한 조

적조나 석조 건축물이 본격적으로 건설되기 시작하면서 상류층을 위한 사교클럽인 로쿠메이칸(鹿鳴館)을 비롯해 관청, 학교 등 주요한 시설물들이 도심부에 하나씩 세워지기 시작했다.

또한 서양 건축가들이 서양의 건축 기술을 일본 내의 사람들에게 알려주면서 서양 건축 기술을 보급하려고 노력하였다. 그러나 당시 나무로 건물을 짓던 일본의 목수(大工)에게는 석조 건축물인 서양 건축이며 양식이며 그 모든 것이 미지의 세계였음에 틀림없을 것이다. 일본의 전통 기술을 몸으로 익혀 온 목수들은 그들의 입장으로 서양식 건축물을 재해석했고, 서양 건축가들이 지은 건축물의 양식을 모방한 새로운 건축물을 만들어냈다. 말 그대로 서양(洋)의 건축을 모사(擬)한, 의양풍 건축(擬洋風建築)이 탄생한 것이다. 얼핏 보면 서양식처럼 보이지만 재료나 곳곳에 일본스러움이 숨겨져 있는 의양풍 건축은, 문명개화의 상징이면서도 일본 식민지 문화를 상징하는 모뉴멘트(monument)가 되었다.

　이러한 의양풍 건물은 우리나라에도 근대 건축물이라는 이름으로 일부 남아있다. 한국은행 본관도 당시 일본의 대표적인 건축가 '타츠노 킨고(辰野金吾)'에 의해 설계된 것이다. 그리고 지금은 문화역 서울 284로 탈바꿈한 옛 서울역사도 그의 제자인 츠카모토 야스시(塚本靖)가 설계했다. 나에게 한국에 존재하는 의양풍 건축은 당시 일제의 잔혹한 식민지 문화를 잘 보여주는 것 같아서 볼 때마다 마음이 아픈 문화유산이다. 비록 그 당시의 슬픔을 내포하고 있지만, 아픈 역사 후의 문화도 오롯이 흡수하고 있는 것이 바로 이 건물들이다. 분명 내가 의양풍 건물을 생각하면서 무언가 느끼고 있는 것처럼, 당시 한국 건축가들 또한 이 건물들을 보면서 앞으로의 한국 건축 정체성을 확립하기 위해서 노력할 필요성을 느끼지 않았을까? 그렇게 따지면 이 아픈 건물들은 우리에게 반면교사일 수도 있겠다. 한국에서 의양풍 건축이 앞으로 어떠한 모습으로 남을지, 그리고 어떤 역할을 할 수 있을지는 앞으로 건축업계의 고민거리가 될 것이다.

<table>
<tr><td>참
고
문
헌</td><td>

간사이 여행의 첫 관문, 간사이 국제 공항

간사이 베짱이

ja.wikipedia.org/wiki/%E9%96%A2%E8%A5%BF%E5%9B%BD%E9%9A%9B
%E7%A9%BA%E6%B8%AF

www.nikken.co.jp/ja/work/projects/0910200.html

ja.wikipedia.org/wiki/%E3%83%AC%E3%83%B3%E3%82%BE%E3%83%BB
%E3%83%94%E3%82%A2%E3%83%8E

www.conslove.co.kr/news/articleView.html?idxno=28783

m.blog.naver.com/PostView.nhn?blogId=hyunjoonyoo&logNo=130141826451&
proxyReferer=https%3A%2F%2Fwww.google.co.jp%2F

ikimiisoh.tistory.com/859

무작정 걸어도 색다른 쇼핑몰, 난바 파크스

ja.wikipedia.org/wiki/%E3%81%AA%E3%82%93%E3%81%B0%E3%83%91
%E3%83%BC%E3%82%AF%E3%82%B9

archirecords.com/blog-entry-33.html

news.chosun.com/site/data/html_dir/2011/09/27/2011092702587.html?Dep
0=twitter&d=2011092702587

story.kakao.com/ch/kims778832/K3Jlc7zTKZ0

www.obayashi.co.jp/rd/news_20160526_1

오사카의 랜드마크에서 야경을, 우메다 스카이 빌딩

m.post.naver.com/viewer/postView.nhn?volumeNo=8637919&memberNo=278
51122

ja.wikipedia.org/wiki/%E6%A2%85%E7%94%B0%E3%82%B9%E3%82%AB
%E3%82%A4%E3%83%93%E3%83%AB

archirecords.com/blog-entry-209.html

madangsr.tistory.com/66

samsungblueprint.tistory.com/914

오사카는 도대체 어떤 지역일까?

www.jnto.go.jp/jpn/statistics/jnto_databook_2017.pdf

ja.wikipedia.org/wiki/%E5%9C%A8%E6%97%A5%E9%9F%93%E5%9B%BD
%E3%83%BB%E6%9C%9D%E9%AE%AE%E4%BA%BA

www.hankookilbo.com/v/cd3cffa7c7bc40468cf922affd3d6a00

ikuno-koreatown.com/%E7%94%9F%E9%87%8E%E3%82%B3%E3%83%A

</td></tr>
</table>

A%E3%82%A2%E3%82%BF%E3%82%A6%E3%83%B3%E5%95%86%E5%BA%97%E8%A1%97

자연을 사랑하는 '약한' 건축가, 쿠마 겐고
kkaa.co.jp

ja.wikipedia.org/wiki/%E9%9A%88%E7%A0%94%E5%90%BE

mainichi.jp/sportsspecial/articles/20151222/k00/00e/050/240000c (와(和)의 대가)

www.1101.com/fujin-ido/74.html (쿠마켄고 인터뷰)

blog.naver.com/PostView.nhn?blogId=dlplanning&logNo=220783037389&redirect=Dlog&widgetTypeCall=true

mkamiya.jugem.jp/?eid=316

ameblo.jp/shussan-ikuji/entry-12347269215.html

젊은 건축가의 패기가 고스란히 담겨 있는, 스미요시 주택
ja.wikipedia.org/wiki/%E4%BD%8F%E5%90%89%E3%81%AE%E9%95%B7%E5%B1%8B

맑은 하늘을 볼 수 있는 도심 속 갤러리, 니혼바시의 집
ikazamay.wordpress.com/2016/11/21/house-of-nihonbashitadao-ando-3/#jp-carousel-39547

ikenchiku.jp/building/251

www.adan.or.jp/news/event/1314

안도 다다오가 지은 건물에서 상업을, 갤러리아 아카
archirecords.com/blog-entry-186.html

www.hetgallery.com/akka.html

leeyonggeun.com/archives/27252

www.omotesandohills.com/ko/feature/2017/002856.html

건축물을 만드는 또다른 건축물, 안도 다다오 건축 연구소
www.hani.co.kr/arti/culture/culture_general/442285.html

신비로운 분위기의 십자가를 가진 빛의 교회, 이바라키 가스가오카 교회
ibaraki-kasugaoka-church.jp/j-forvisitors.html

참고문헌

ja.wikipedia.org/wiki/%E8%8C%A8%E6%9C%A8%E6%98%A5%E6%97%A5%E4%B8%98%E6%95%99%E4%BC%9A

ikidane-nippon.com/ko/interest/church-of-the-light

www.smartcon.kr/html/commu31.php?tid=bbs31&bType=view&intId=29680

casabrutus.com/architecture/59537

타코야키와 오코노미야키, 먹거리천국 오사카
타코야키
ja.wikipedia.org/wiki/%E3%81%9F%E3%81%93%E7%84%BC%E3%81%8D
오코노미야키

ja.wikipedia.org/wiki/%E3%81%8A%E5%A5%BD%E3%81%BF%E7%84%BC%E3%81%8D
타코야키 맛집
www.aiduya.com
r.gnavi.co.jp/g-interview/entry/1975
오코노미야키 맛집
icotto.jp/presses/1469
digjapan.travel/ko/blog/id=10497
그외 맛집
ure.pia.co.jp/articles/-/33434?page=2
www.rikuro.co.jp/cheesecake

자연과 콘크리트, 그리고 안도 다다오
madangsr.tistory.com/67
ja.wikipedia.org/wiki/%E5%AE%89%E8%97%A4%E5%BF%A0%E9%9B%84
ja.wikipedia.org/wiki/%E3%83%95%E3%82%A1%E3%82%A4%E3%83%86%E3%82%A3%E3%83%B3%E3%82%B0%E5%8E%9F%E7%94%B0
www.wikitree.co.kr/main/news_view.php?id=293457
news.chosun.com/site/data/html_dir/2016/02/12/2016021200993.html

-2-

교토

きょうと

우리나라로 치면 경주와도 같은 교토. 우리나라 학생들에게 있어서 내표적인 수학여행 코스가 경주라면, 많은 일본 학생들의 빼놓을 수 없는 수학여행 코스가 바로 교토이다. 1000년이 넘게 일본의 수도였던 교토는 일본의 역사와 전통이 숨쉬고 있다고 해도 과언이 아니다. 유네스코 세계유산이 17개나 있고, 기모노를 입은 일본인이나 전통적인 일본 주택 등 많은 외국 관광객이 줄곧 생각해왔던 '옛날 일본'을 접할 수 있는 곳. 빌딩숲 사이에서 화려하게 빛나는 도시, 오사카와 다르게, 시내의 모든 요소 하나하나가 소소하게 일본을 뽐내고 있는 곳, 바로 이곳 교토이다.

간사이 지방으로의 여행이 짧더라도, 많은 관광객들이 오사카와 교토를 꼭 포함하여 여행 루트를 짠다. 교토를 방문하는 관광객 수는 일본 국내외를 합쳐 연간 5,000만 명이 훌쩍 넘는다. 오사카와 다른 소박함과 전통적인 일본을 즐길 수 있기 때문에 많은 사랑을 받는 것이지 않을까. 사실 1000년의 역사를 지닌 교토를 하루만에 관광하기엔 무리가 있다. 시간이 있다면 충분히 시간을 들여 교토를 만끽하는 것도 좋겠지만, 우리는 많은 지역을 들러야하는 바쁜 관광객이니 교토의 엑기스만 돌아보기로 하자.

여행하기 전에 알아 둘 점이 있다. 교토 내의 이동 수단은 뭐니뭐니해도 버스가 가장 많다. 역 안에 있는 관광 안내소에서 교토 시내에 있는 모든 버스를 하루종일 이용할 수 있는 '버스 1일 이용권'을 단돈 500 엔에 살 수 있다. 이 표를 사서 교토의 구석구석까지 알아가 보자! 많고 많은 교토의 특별한 관광지를 모두 담을 수 없어서, 하루 일정에 맞춰서 돌 수 있는 내가 사랑한 장소만 실었다. 이 책에 적혀있지 않더라도 좋은 곳이 많으니 일정이 허락한다면 버스 1일 이용권을 가지고 교토를 탐방해보자.[1]

---

1 신성한 여우가 지키고 있다고 해서 여우 신사로도 불리는 '후시미이나리 신사', 울창한 대나무 숲으로 유명한 '아라시야마'도 교토에서 볼 수 있는 매우 좋은 관광지이다.

산허리에 있는 교토의 대표적인 절, 기요미즈데라(清水寺)

위치
교토 부 교토 시 히가시야마 구 기요미즈 1-294(京都府京都市東山区清水1-294)

전통적인 절이 많기로 소문난 교토에서 단연코 빠지지 않고 등장하는 절이다. 화려한 기모노를 입고 절의 빨간 입구와 본당의 기둥 앞에서 사진을 찍으면 확연히 일본 느낌이 나는 인생 사진을 건지는 그 곳. 가파른 언덕을 올라가야 비로소 만날 수 있는 교토의 핵심 관광지인 기요미즈데라다.

기요미즈데라(清水寺, 청수사)는 나라 시대 말인 778년, 나라에서 온 엔친(延鎮)이라는 승려가 세운 사찰로 알려져 있다. 여러 번의 화재로 인한 소실과 재건을 거쳐, 지금 본당의 모습은 1633년 도쿠가와 이에미츠의 명령으로 재건된 것이다. '기요미즈데라(清水寺)'는 맑은 물의 절이라는 뜻으로,

기요미즈데라의 본당

교토 동쪽 오토와 산의 물줄기로부터 시작하는 샘에서 유래했다고 한다. 이 절은 원래 일본 불교의 가장 오래된 종파 중 하나인 '법상종(法相宗)'의 절이었지만, 1965년에 자체적으로 북법상종을 입종해 법상종에서 독립했다. 1994년에 고도 교토의 문화재(古都京都の文化財)로서 다른 절들과 함께 유네스코 세계문화유산에 등재되었다.

경내는 약 13만㎡로 국보, 중요문화재를 포함한 15개의 사원이 세워져 있다. 그 중 기요미즈데라의 가장 큰 볼거리는 바로 깎아내리는 듯한 절벽에 수많은 기둥으로 세워진 본당이다. 일본 전통의 건축 방식인 가케즈쿠리(懸造り) 형식으로, 절벽이나 연못 위부터 건물의 바닥 밑부분을 긴 기둥과 들보로 고정시켜 지지하는 방법으로 지어졌다. 가파른 절벽에 지어진 건물인지라 무언가를 결정할 때 '청수의 무대(清水の舞台)'에서 뛰어내릴 생각

가케즈쿠리 구조의 본당

으로'라고 표현하는데, 실제로 뛰어내린 사람이 1600년대 말부터 약 150년 간 234명이었고 생존률은 85%였다. 깎아내리는 듯한 절벽 위로 돌출되어 있는 본당에서는 교토 시내 경치를 한눈에 바라볼 수 있다.

본당에서 내려오면 어마무지한 사람들의 행렬을 목격할 것이다. 본당 밑 에는 오토와 폭포(音羽の滝)가 세 개의 물줄기로 나뉘어 연못에 떨어지게 되는데 방문객은 이 맑은 물을 받아먹을 수 있다. 왼쪽 물줄기부터 각각 지 혜, 사랑, 장수를 의미하고, 이 순서대로 모두 마시는 것이라고 한다. 장시간 자연에서 여과된 물이기 때문에 불순물이 적고 미네랄이 풍부하다고 하니, 건강에는 좋을 것이다.

올라가기 힘든, 가파른 언덕이라 일정에서 기요미즈데라를 빼야 할지 고민하는 분도 꽤 있을 것 같다. 특히 한여름에 교토를 방문할 예정이라면 더더욱. 그렇지만 모처럼 여행하는 것이니 일본 전통의 기모노나 유카타를 입고 천천히 올라가보자. 길거리에서 파는 아이스크림과 당고(団子)를 입에 물고 파란 하늘을 기본 배경으로 입구에서 한 장, 본당에서 시내를 바라보며 한 장, 본당의 기둥 한 장씩 사진을 찍으면 여행 중의 인생 사진을 건질 수 있을 것이다. 힘들게 올라간 만큼, 기요미즈데라는 더 대단할 것이다.

금으로 된 누각이 반짝반짝, 킨카쿠지(金閣寺)

위치
교토 부 교토 시 키타 구 킨카쿠지쵸 1(京都府京都市北区金閣寺町 1)

기요미즈데라 다음으로 유명한 절은 바로 킨카쿠지가 아닐까 싶다. 버스를 타고 20분 정도 걸리는 꽤 먼 거리를 가지고 있지만, 킨카쿠지로 향하는 버스는 절에 가기 위한 사람들로 항상 꽉꽉 차있다. 절에 도착하면 눈을 크게 뜨고 그 공간을 바라보자. 화려함이 극치에 다다른 이 곳이 바로, 킨카쿠지이다.

정식 명칭은 로쿠온지(鹿苑寺)인 킨카쿠지(金閣寺, 금각사)는 무로마치 막부 시대였던 1397년에 아시카가 요시미츠(足利義満)에 의해 지어졌다. 처음에는 그가 쇼군(将軍) 자리에서 은퇴를 한 후에 별장을 사용하는 것이 목적이었다. 그러나 그의 아들은 이 곳을 선불교 사원으로 역할을 바꾸어버렸다. 이 사원 또한 다른 여느 목조 건물이 그렇듯 여러 번의 연소와 재건을 반복해왔다. 그렇지만 1950년 7월 2일에 킨카쿠지에 병적으로 집착을 하던 한 승려의 방화로 전부 소실되었고, 1955년에 재건되었다. 이 사건을 모티브로 삼아 일본의 소설가인 미시마 유키오(島由紀夫)는 '금각사'라는 소설을 썼다고까지 한다. 이 사원 또한 유네스코에 등재되어있지만 화재로

인한 손실 때문에 문화적 가치는 그리 높지 않은 모양이다.

킨카쿠지가 유명한 이유는 바로 '금각'일 것이다. 왜 금박을 붙였는지에 대해서는 알 바가 없지만, 재력 과시라고 말하는 설이 가장 신빙성 있을 것이다. 바닥을 제외한 누각 전체는 순수한 금박으로 덮여 있고, 1955년 재건 당시에 10.8㎠의 금박을 20만 장(약 20kg)을 사용했다. 화려한 외관과 달리 내부는 부처의 유품을 모시는 공간으로 사용하고 있기 때문에, 일반인들에게는 공개하지 않는다. 누각은 총 3층으로 이루어져 있고, 신기하게도 1층에만 금박이 없는 일반 목조 부분으로 이루어져 있다. 이는 위에서부터 각층을 '중국 황제, 무사, 승려와 귀족'으로 의미를 부여하고, 재력이나 힘이 없는 승려와 귀족을 암시하고 있는 것이다.

이름처럼 금박에 둘러쌓인 누각은 사람들에게 화려하고 강렬한 인상을

선사한다. 특히 눈에 뒤덮인 킨카쿠지의 모습은 경관 중에서도 굉장히 특별하니, 겨울 여행 중 눈이 쌓이게 된다면 킨카쿠지를 먼저 방문해서 사진을 찍고 오자. 금으로 뒤덮인 누각이 데칼코마니처럼 연못에 비치는 모습을 찍기 위해 많은 관광객이 연못 앞을 점령하고 있다. 언뜻 누각의 배경 역할인 것 같은 연못 정원도 실은 극락정토를 표현하고 있고, 그 의미를 생각하면서 정원을 천천히 돌 수 있도록 한 회랑(回廊)식 공간이다. 화려한 금각뿐만 아니라 아름다운 정원도 방문해보자.

철학의 길 끝에 위치한 고요하고 검소한, 긴카쿠지(銀閣寺)

위치
교토 부 교토 시 사쿄 구 긴카쿠지쵸 2(京都府京都市左京区銀閣寺町 2)

다음 소개할 곳은 킨카쿠지와 이름이 비슷해서 항상 비교를 당하는 절이다. 화려함으로 무장했던 킨카쿠지에 항상 주눅이 들어있는 '긴카쿠지'. 그렇지만 관광객으로 가득 찼던 다른 절과 다르게 고요하고 차분해서 개인적으로는 가장 좋았던 절이다. 화려함은 없지만 검소함이 있는 긴카쿠지. 천천히 알아가보자.

긴카쿠지(銀閣寺, 은각사)의 정식 명칭은 히가시야마 지쇼지(東山慈照寺)이고, 1460년 무렵 킨카쿠지를 지은 요시미츠의 손자인 '아시카가 요시마사(足利義政)'에 의해 지어졌다. 이 사원도 그가 은퇴를 했을 때를 위한 별장으로 세워졌지만, 1490년 1월 27일에 그가 사망한 후에 저택과 정원은 불교 사찰이 되었고 요시마사의 불교 이름인 지쇼지로 개칭되었다. 요시마사는 생애에 검소함을 중시하는 히가시야마 문화를 널리 알리려고 노력했고, 이 문화에 입각해 긴카쿠지를 간소하게 지었다. 또 요시마사는 킨카쿠지가 전부 금으로 덮여있는 것처럼 긴카쿠지의 외관을 은으로 덮으려고 했지만, 재정난으로 실현되지 못하고 그 이름만이 남아있다.

　은으로 둘러싸여있지 않은 긴카쿠지에서 가장 볼만한 요소는 모래 정원과 이끼 정원이 갖는 대비이지 않을까 싶다. 긴카쿠지 입구에 들어서자마자 바로 보이는 모래 정원은 일본 전통 정원 중 하나인 카레산스이(枯山水)다. 카레산스이란 물이 없는 정원이라는 뜻으로, 물을 사용하지 않고 돌이나 모래를 이용해 자연의 풍경을 표현한 일본만의 독특한 정원 양식이다. 이 모래 정원을 자세히 바라보면 물의 파동을 상징하는 모래 위의 선과 산을 상

일본식 정원. 카레산스이

징하면서도 달을 담고 싶어 정성스럽게 쌓아올린 모래 산도 볼 수 있을 것이다. 그리고 모래정원 사이에 은박이 붙어있지 않은 법당도 나오게 되지만, 이 건물의 내부는 공개되지 않으니 아쉬운대로 외부를 자세히 보도록 하자.

산책로에 맞춰서 걷다 보면 이끼 정원이 나타나게 된다. 원래 요시마사가 제일 모방하고 싶어했던 절이 바로 이끼의 절로 유명한 사이호지(西芳寺)였다. 그와 똑같이 이끼 정원을 만들겠다는 요시마사의 뜻은 오닌의 난(応仁の乱)[1]으로 또한 무산되었지만, 목표를 높게 잡고 시작한 덕분인지 긴카쿠지도 이끼 정원으로 유명하게 되었다. 그리고 이끼 정원 뒤로 산책로가 산길로 변하게 되고, 조금만 올라가서 교토를 바라보면 긴카쿠지 전체와 기요미즈테라에서 봤던 것과는 다른 도시 풍경을 만날 수 있다.

1 당시 수장이었던 쇼군(将軍)의 후계자 문제를 둘러싸고 당시 지방의 지배자인 슈고 다이묘(守護大名)들이 교토(京都)에서 벌인 항쟁이다.

긴카쿠지를 방문할 예정이라면, 그 앞에 있는 산책길인 '철학의 길(哲学の道)'을 걸으면서 일정을 시작하자! 일본의 철학자인 니시다 기타로가 이 길을 걸으면서 사색을 즐겼다고 해서 이름 붙여진 이 길은, 약 450그루의 벚꽃 나무가 심어져 있는 교토의 대표적인 벚꽃 스팟 중 하나이다. 벚꽃 시기가 맞으면 정말 매력적이겠지만, 봄이 아니더라도 여름은 반딧불, 가을은 단풍,  겨울은 설경으로 사시사철 아름다운 모습을 즐길 수 있다. 주위에 멋진 카페나 가게도 많기에 긴카쿠지에 가기 전에 철학의 길에서 잠깐 휴식을 취해보는 것도 교토의 멋진 추억으로 남지 않을까.

나무 한 그루조차 없는 난해한 정원, 료안지(龍安寺)

위치
교토부 교토시 우쿄 구 료안지 고료노시타쵸 13(京都府京都市右京区龍安寺御陵ノ下町13)

　사실 교토 여행을 할 때 이 료안지를 일정에 넣지 않는 분들도 많이 있을 것이다. 그렇지만 나는 이 료안지를 꼭 방문하기를 추천한다. 왜냐하면 이 료안지 하나만 구경을 하더라도 일본 정원에 대해서 반쯤은 이해할 수 있

기 때문이다. 심지어 킨카쿠지에서 2km정도의 거리라 도보로도 30분이면 도착하니, 일정에 여유를 두고 여행 루트에 료안지를 추가하는 건 어떨까?

료안지(龍安寺)는 무로마치 막부 시절 당시 간부였던 호소카와 카츠모토(細川勝元)가 1450년에 세운 선종 사원이다. 오닌의 난과 함께 사원 대부분이 불탔지만, 그의 아들인 마츠모토에 의해 1499년에 재건되었다. 당시 도쿠다이지(德大寺) 집안의 산장이었던 장소에, 당시 경내의 규모는 현재보다 훨씬 작았다고 한다. 1797년 또다른 화재로 인해 다시 소실되었다가 도요토미 히데요시와 에도 막부의 기부로 인해 재건되었다고 한다.

앞에서 말했듯, 료안지에서 가장 중요한 부분은 바로 '정원'이다. 영국의 엘리자베스 2세가 방문하고 나서 칭찬했을 정도이다. 그러나 자연 친화적이고 나무와 꽃이 심어져 있는 푸릇푸릇한 정원을 생각하고 료안지의 정원을 마주하게 되면 매우 실망할지도 모른다. 왜냐면 정말 아무것도 없이, 돌만 있기 때문이다. 긴카쿠지와 같은 모래 정원이지만, 긴카쿠지는 적어도 나무라도 몇그루 심겨 있는데 료안지의 정원은 정말 모래와 돌로만 이루어져 있다. 폭 25m, 깊이 10m인 공간에 하얀 모래가 바닥에 깔려있고, 각각 크기가 다른 돌 15개가 그 위에 올려져 있다. 돌을 중심으로 물 파동을 의미하는 모래의 결들도 확인할 수 있다. 그런데 15개의 돌을 전부 찾다보면, 아무리 잘 찾아도 14개가 끝일 것이다. 나머지 하나는 깨달음을 통해서만 볼 수 있다고 하니, 마음을 집중하고 안정된 상태에서 석정을 바라보자. 다른 한편으로는 항상 하나가 부족하다는 깨달음을 얻기 위한 것이라고 한다. 이것저것 여행 도중 불편한 구석이 있던 마음을 편안히 잠재울 수 있는 최적의 장소이다.

그리고 료안지에는 일본 정원의 큰 특징 중 하나인 츠쿠바이(蹲踞)도 있다. 잠시나마 석정에서 눈을 돌려 사원을 돌아보자. 다실 앞에는 엽전 모양

의 우물 비슷한 무언가가 있을 것이다. 다실에 들어가기 전에 손이나 입을 맑게 하기 위해 물을 담아놓은 츠쿠바이인데, 츠쿠바이는 주위의 글자(五・隹・矢・疋)와 결합을 해야 그 진정한 의미를 알 수 있다. 츠쿠바이의 중앙을 한자 '口(구)'라고 생각하고 돌 표면 글자들 五・隹・矢・疋과 합쳐서 읽으면, '吾唯だ足るを知る(만족하는 이는 가난하다 할지라도 부자이며, 만족하지 않는 이는 부자라 할지라도 가난하다)'라는 멋진 뜻이 된다. 이 새겨진 구절은 부처님이 말씀하신 불교의 진수이자, 반 물질주의적 가르침을 보강하는 것이다.

이 외에도 료안지는 넓은 경지 안에 울창한 나무와 넓은 연못, 불전이나 본당같은 다양한 불교식 공간이 있기 때문에 다른 절만큼 볼거리가 충분하다. 특히 과거에는 돌정원보다 연못이 있는 회랑식 정원이 더 유명할 정도였다고 하니, 설명하지 않은 공간도 볼 가치는 충분하다. 사진도 찍으면서 이것저것 찬찬히 보면 적어도 1시간 정도 걸릴 만큼 큰 사원이지만, 내가 말한 일본 정원의 포인트만 짚고 보아도 아주 빠르고 간편하게 료안지를 이해할 수 있을 것이다.

교토 관광의 입구,
JR 교토 역 빌딩(JR京都駅ビル)

위치
교토 부 교토시 시모쿄 구 히가시시오코우지쵸 901(京都市下京区東塩小路町901)

설계
하라 히로시

준공
1997년

　오사카의 여행의 첫 시작이 간사이 국제공항이었다면, 많은 관광객이 교토를 본격적으로 즐기기 전에 거쳐야 할 관문이 바로 교토 역이다. 교토역사 중 JR서일본이 담당하는 부분을 교토역 빌딩(京都駅ビル)이라고 부른다. '교토의 입구면 현대식 역사가 아니라 전통적인 건축이어야 하는 거 아니야?' 라고 생각하는 분들도 계실 수도 있겠지만, 기존에 있던 교토 역들이 전부 화재와 노후화 등으로 상해 증축과 개축을 반복할 수밖에 없었다.

　그리고 4번째 모습인 현재 교토 역 빌딩은, 일본 철도 역사 중에서도 이례적으로 국제 공모전을 열어서 그 설계자를 정했다. 안도 다다오나 쿠로카와 키쇼, 3대 프리츠커상 수상자인 제임스 스털링 등 정말 쟁쟁한 건축가들이 다 모여서 이 설계에 도전했다. 심사의 키 포인트는 바로 주위 환경과의 조화였다. 교토 역 부근은 높이 120m까지 건축물을 지을 수 있도록 특별 조치가 취해져 있지만, 건물 높이 제한을 완화하면 교토의 아름다운 경관을 해칠 수도 있다는 반대의견이 많았기에 거대한 건물이 가져다주는 압박감을 피하고 주위 환경과 조화를 이룬 작품에게 높은 평가를 주었다.

깐깐한 심사 결과, 설계는 우메다 스카이 빌딩에서도 등장했던 일본의 하이테크 건축가인 하라 히로시가 최종적으로 담당하게 되었다. 높이 60m의 저층 건축물에, 남북방향의 도로에 맞춰서 건물을 나눠서 시선이 통과되는 점, 건물의 압박감을 피하면서 배치를 했다는 점이 가장 높은 평가를 받은 부분이지 않을까 싶다. 이 작품 또한 우메다 스카이 빌딩만큼 근미래적인 디자인이 제일 먼저 눈에 들어온다. 특히 중앙 콩코스르로 가면 4,000장이나 되는 유리가 지붕을 덮고 있으며, 그 하중을 지탱하기 위해 펼쳐진 트러스 구조의 향연은 교토역의 매력을 더욱 부각시킨다.

JR교토 역 빌딩 파사드

건물이 동서로 500m씩이나 되는 만큼, 건물 안에는 다양한 시설과 정원들이 마련되어 있다.(이런 특징을 하라 히로시가 만든 '가로'의 건축이라고 소개할 정도이다.) 교토 타워가 한눈에 보이는 광장부터, 건물 윗부분을 통과하면서 트러스 구조와 교토 경치를 즐길 수 있는 공중 스카이웨이, 저녁이 되면 계단에서 일루미네이션을 하는 광장까지…. 공간이 너무나 많아서 전부 소개할 수 없을 정도이다. 오사카에 숙소가 있다면, 오사카에 돌아가기

전 1시간 정도 시간을 내서 이 거대한 역을 탐험해보자. 역만으로도 충분히 좋은 추억을 쌓을 수 있을 것이다.

물과 함께 즐기는 야외 미술관,
명화의 정원(京都府立陶板名画の庭)

위치
교토 부 교토 시 사쿄 구 시모가모 한기초(京都府京都市左京区下鴨半木町)

설계
안도 다다오

준공
1994년

교토 역에서 조금 떨어진[1] 곳에 있는 것이 살짝 흠이지만 도착하는 순간 '와… 이게 진정한 안도 다다오의 미술관이지'하고 느낄 수 있는 곳이다. 노출 콘크리트며 흐르는 폭포며, 주위에 있는 자연 환경까지 안도 다다오가 심혈을 기울여 설계했다는 것을 여실히 느낄 수 있었다. 1994년 3월에 만들어진 교토 부립 도판 명화의 정원(京都府立陶板名画の庭, 이하 명화의 정원)은 완만한 슬로프로 입구부터 지하 2층까지 천천히 내려가는 식의 구조를 가지고 있고 크고 작은 폭포와 연못과 함께 태양빛으로 유명한 회화 작품의 도판화를 감상할 수 있는 새로운 방식의 미술 전시 시설이다. 그 동선에 맞춰서 천천히 걷다보면 각각의 명화들을 마주하게 된다.

'도판화'란 원래 그림을 촬영한 포지필름을 사진 제판 기술로 도제 판에 전사해 여러 개의 도판으로 만든 그림을 의미한다. 변색이나 부식이 일어나지 않기 때문에 옥외에서도 오래 보존할 수 있다는 장점을 가지고 있다. 이

---

1 교토 역에서 지하철로는 카라스마 선(烏丸線)으로 8정거장 떨어진 '키타야마(北山)'역에서 하차. 버스의 경우는 4번, 북8번을 이용한다.

런 도판화를 전시한 공간은 명화의 정원이 세계 최초라고 한다. 전시하고 있는 그림은 세계 명화 8점인데, 그 중 4점은 원래 1990년에 개최되었던 오사카 국제 꽃과 초록 박람회를 위해 특별히 제작된 것이고 나머지 4점은 명화의 정원을 위한 것이다. 전시 작품으로는 '수련 : 아침 – 모네', '조수인물회화 – 토바소쵸', '최후의 심판 - 미켈란젤로', '최후의 만찬 - 레오나르도 다빈치', '청명상하도 – 장택단', '그랑드자트 섬의 일요일 오후 – 쇠라', '테라스에서 – 르누와르', '별이 빛나는 밤의 사이프러스 – 고흐'가 있다. 대부분의 작품들이 회화를 잘 모르는 사람이라도 한번쯤 미술 교과서에서 본 적이 있는 작품들이었다.

명화의 정원은 미술을 감상하기에 색다른 환경을 제공했다. 정말 말 그대로 다른 미술관과 '환경'이 다르다는 것을 느꼈다. 2번 방문하는 동안 교토의 날씨는 계속 흐렸고, 그 속에서 항상 우산을 쓰고 미술 작품을 감상했다.

대부분의 미술관에서는 오롯이 나와 미술 작품만이 같은 공간에 있었다면, 명화의 정원은 나와 미술 작품 그리고 자연이 함께 공존하고 있다고 느낄 수 있었다. 물 안에 잠긴 수련과 비를 맞으며 묵묵히 자리를 지키는 최후의 심판. 세계 최초의 실험적인 야외 미술관인 명화의 정원에서 나는 그렇게 고정관념에서 벗어난 새로운 장르의 예술과 공간을 느꼈다.

미켈란젤로의 '최후의 심판' 도판화

구불구불한 곡선이 기대감을 자아내는,
교토 콘서트홀(京都コンサートホール)

위치
교토 부 교토 시 사쿄 구 시모가모 한기초 1-26(京都府京都市左京区下鴨半木町1-26)

설계
이소자키 아라타

준공
1995년

교토 콘서트홀은 명화의 정원 바로 옆에 붙어있다고 해도 과언이 아니다. 명화의 정원에서 나와서 코너만 돌면 바로 콘서트홀이 나타난다. 교토 콘서트홀은 1994년 헤이안 천도(平安遷都)[1] 1200년 기념으로 세워진 건축물로, 일본에서 유일한 자치기구 직영 오케스트라인 '교토시 교향악단'의 거점으로 사용되고 있다.

교토 콘서트홀은, 일본의 포스트 모던 건축가인 이소자키 아라타가 설계한 건물이다. 유선형 모양의 건축물이 하늘로 높게 솟아있는 것이 명화의 정원과는 사뭇 다른 느낌을 선사한다. 그리고 입구로 향하는 길은 곡선 건물의 뒷편에 위치해 있는데, 구불구불한 건물을 따라 입구까지 걸어가면 공연장 내부로 들어가는 기대감을 충분히 높일 수 있었다. 사실 이런 배치는 교토가 수도일 때의 궁인 헤이안쿄(平安京)의 풍수를 관련지어서 만들었다고 한다. 건물 옆 조그마한 다리의 축선을 연장해서 보면 가모와케이카즈치 신사

---

[1] 794년에 수도를 지금의 교토인 헤이안쿄(平城京)로 옮긴 사건. 이 때부터를 일본의 헤이안 시대(平安時代, 794년 ~ 1185년)라고 한다.

(上賀茂神社)와, 그리고 더 뻗어나가면 헤이안 신궁(平安神宮)과 맞닿는 다고 하니, 콘서트홀의 외관은 현대적이지만 내포하고 있는 공간의 의미는 교토의 전통성을 잇고 있다는 사실에 한 번 더 놀랐다.

그렇다면 천천히 내부로 들어가보자. 격자 모양으로 나뉜 천장과 바닥은 마치 트릭 아트 전시에 있을법한 타일로 되어 있어 고급스러운 느낌을 자아 낸다. 더 내부의 공간은 공연을 관람해야 들어갈 수 있으니, 아쉽지만 교토 콘서트홀 답사는 그 정도로 끝낼 수밖에 없었다. 만약 여러분의 일정과 마음 에 드는 공연 일정이 맞고, 마침 그 장소가 교토 콘서트홀이라면, 내부에 들 어가 보는 것도 좋을 것이다.

물에게 너무나 친절한 '미로' 상가, 타임즈1 & 2(TIME'S 1, 2)

위치
교토 부 교토 시 나카교 구 나카지마쵸 92(京都府京都市中京区中島町 92)

설계
안도 다다오

준공
1984년 / 1991년

기온 거리를 천천히 둘러보면서 강가를 걸으면, 교토 시내 번화거리인 오이케도오리(御池通)로 진입하게 된다. 하루 종일 걸어 다니면서 아무것도 못 먹었던 나는 교토에 처음 방문했을 때 먹었던 근사한 저녁을 생각하며 다

급히 발을 움직였다. 카모 강(鴨川) 옆에 붙어있는 작은 물줄기와 접해 있는 기다란 콘크리트 건축물. 드디어 나왔다, 오사카에서 봤던 갤러리아 아카와 같이 안도 다다오가 설계한 상업 시설, 타임즈(TIME'S 1,2)다.

타임즈 1은 1984년에 완성되었지만 7년 후에 증축했기 때문에 타임즈 1, 2라는 표기로 책에 자주 나온다. 보통의 안도 다다오 건축물과 살짝 다르게 노출 콘크리트와 콘크리트 블럭이 적절히 사용되고 있는 점이 인상적이다. 그렇지만 뭐니 뭐니 해도 타카세 강가(高瀨川) 쪽으로 테라스가 '매우 가깝게' 튀어나와 있는 것이 이 건물의 가장 큰 볼거리이다. 건축 당시 교토 내에는 강이 많았지만, 냇가에 가까이 갈만한 시설조차 없어서 사람들은 자연스럽게 강을 등한시했다. 물과 가깝게 건축물을 짓는다는 것이 굉장히 파격적인 기획이었기 때문에 관청 관계자나 사업자와도 많은 충돌이 있었다고 한

다. 강가의 물과 건축물 간의 미묘한 긴장감을 조성하거나 테라스에 난간을 설치하지 않는 점 등, 당시 건축업계에서는 파격적인 설계였던 타임즈는 안도와 관청 관계자의 여러 충돌 끝에 비로소 완성되었다. 이 건물은 안도 다다오가 건물에 자연을 끌어온 것이 아닌 자연에 건축물을 들여보내는 방식을 취한 첫 번째 작품이라고 한다. 그렇지만 나는 아직까지도 저 테라스를 보면 비 왔을 때 수위는 어떻게 조절하나 싶은 단순한 생각을 하고야 만다.

내부는 교토의 여러 도로를 생각나게 만드는 미로같은 느낌으로 설계되어 있다. 테라스에 가까운 1층과 평범한 상점가인 2층으로 이루어져 있는 이 건물은 내부로 들어가는 순간, 길을 잃어버린다는 치명적인 단점이 있다. 사실 화장실도 찾기 힘들 정도이니 동선 계획에서는 실패한 것으로 보인다. 그렇지만 길을 헤매다가 발견하게 되는 2층에서 보는 강가의 모습이나, 보이드에서 들어오는 햇빛은 건축물로서는 최고의 매력을 지니고 있다.

이번 여행에서 만난 안도 다다오의 두 번째 상업 시설, 타임즈는 사실 나에게 있어서 그렇게까지 매력적인 작품이라고 할 수는 없다. 물론 관광객이자 건축학도인 나의 입장으로서는 미로같은 건축물 내부를 걸어다니면서 안도 다다오의 대단함을 피부로 느끼지만, 만약 내가 이 상가에서 물건을 파는 사람이었다면 어땠을까? 한 층에 한 가게가 있어서 알기 쉬웠던 갤러리아 아카와는 다르게, 한 가게 안으로 들어가기 위한 동선이 어려워서 손님을 맞이하기 힘들 것이다. 더군다나 '안도 다다오 설계' 안에서 장사를 한다는 네임 밸류 마저 붙어버리니 임대료마저 장난 아닐텐데. 실제로 10개의 임대 공간 중 사용되고 있던 곳은 2, 3군데이다. (다행히도 내가 방문했던 근사한 레스토랑은 아직 남아 있었다.) 사용하는 사람에게는 친절한 건축물이지만, 장사하는 사람에게는 불친절한 건축물. 여러분은 어떻게 이 건축물을 평가할 것인가?

교토,
그 전통적인 거리를 걸으며.

화려한 건물들을 보았다면 이제는 주위의 길거리를 둘러보자. 여느 일본 거리와 다른 느낌이 들지 않는가? 소소한 외관에 하나같이 높이가 비슷한 건물들이 한가득, 이런 길거리를 전통 기모노를 입고 지나가는 일본인을 보게 된다면, '정말 내가 일본을 여행하고 있구나'라고 괜시리 한 번 더 실감하게 될 것이다. 정말 일본스러운 거리, 교토의 길거리를 한발짝 한 발짝 이 책과 발 맞춰 나아가보자.

이 책을 들고 교토의 길거리를 걷고 있다면 곰곰이 생각해보자. 교토 길거리의 건축물에는 다른 거리와는 '무언가'가 다르다는 사실을 깨닫는다. 눈으로 바로 확인할 수 있는 정답은 바로 '간판'이다. 평범한 음식점이나 편의점이더라도, 평범하지 않은 간판을 가지고 있다는 것을 알 수 있다. 단순히 간판의 색깔을 길거리에 맞춰서 바꿀 뿐만 아니라 간판 최대 높이도 법으로 규제하고 있고, 심지어 밤에 사람들에게 눈에 띌 수 있도록 다는 LED간판에도 규제가 있다고 하니… 최대한 교토의 전통적인 길거리에 동화될 수 있도록, 건축물에 다는 장식에조차도 규제가 엄격하다는 것을 알 수 있다.

산넨자카에 위치한 스타벅스. 일본스러운 분위기가 한껏 묻어있다.

그렇다면 왜 교토는 이런 식으로 사소한 구석에도 집중하면서 규제하고 있을까? 그건 교토가 일본의 '중요 전통적 건조물군 보존지구(重要伝統的 建造物群保存地区)'에 속하기 때문이다. 중요 전통적 건조물군 보존지구 란 일본 정부가 일본의 오래된 마을 중에서 특히 높은 가치를 가지는 마을을 선정하는 제도이다. '전통적 건조물군'이란 성이나 역 등 마을 주위 환경과 일체가 되어 그곳만이 이룰 수 있는 역사적인 경치를 만드는 것을 말한다. 이 제도는 건축물 하나를 보존하는 것이 아닌, 마을 전체를 보존하는 것이기 때문에 건축물 하나하나는 물론 대문이나 담처럼 인공적인 물건과 정원, 강 처럼 자연적인 물건 전부를 보존하자는 취지를 가지고 있다. 이런 마을은 일 본 안에 85곳이 있고, 교토 시에서는 가미가모 지구(上賀茂地区), 사가토 리이모토 지구(嵯峨鳥居本地区), 산네이자카 지구(産寧坂地区), 그리고 게이샤 문화로 유명한 기온신바시 지구(祇園新橋地区)의 4개의 지역이 일 본의 중요 전통적 건조물 보존지구로 선정되었다.

교토에서 보존된 마을을 보았다면 이 거리를 이루는 요소, 전통 건축물을 조금이나마 분석해보자. 교토 내의 절로 가는 길거리에 있는 건물을 유심히 살펴보면, 보통은 2층짜리 건물이고 그 1층에는 기념품 가게들이 즐비하다. 1층에 상점과 같은 공용 공간이 있고, 2층에 주거와 같은 사적인 공간이 들어가 있는 이러한 전통 건축물의 종류를 '마치야(町屋)'라고 한다. 마치야는 사람들이 많이 다니는 길거리에 일제히 세워져 있는 것이 가장 큰 특징이며, 상인들과 손님들의 대화가 그 도로를 왁자지껄한 풍경으로 만든다.

그 중에서도 교토에 있는 마치야를 쿄마치야(京町家)라고 하는데, 교토가 수도였던 헤이안 시대에 정렬되었던 마을 구획에 맞춰 생겨났다고 추측하고 있다. 커다란 도로에 상점을 가지고 있고, 어느 정도 프라이버시를 유지하기 위해 일부러 앞부분의 파사드 길이는 좁고 건물의 깊이는 긴 형태[1]를 가지게 되었다. 그곳에 격자모양의 창문과 우리나라의 발과 같은 스다레(簾), 일본 음식점을 가면 자주 볼 수 있는 노렌(暖簾)과 같은 장식을 넣어

주면 쿄마치야의 완성이다. 태평양 전쟁 중 미군의 폭격을 피한 덕분인지 많은 쿄마치야가 남았었지만, 고도경제성장기 때 리모델링 붐이 불면서 그 수가 감소했고 현재는 약 5만 개가 남아있다고 한다.

교토에서는 역사와 전통이 있는 도시이다 보니, 관광객이 많이 오면 올수록 좀 더 아름다운 길거리를 보여주기 위해, 마치야를 포함한 건축물에 대한 규제가 엄격하다고 한다. 전통적인 건축에 맞게 건물을 수리하고, 현대화를 거친 전통 건축물도 오히려 전통적인 방법을 사용해 수리를 한다. 그리고 자연 환경과 조화를 이룰 수 있도록 높은 건물을 세울 수 없다는 것도 규제 중 하나이다. 강 위의 다리에 현수막을 거는 행위는 상상도 할 수 없고, 지붕 위에 커다란 간판을 올리는 행위도 할 수 없다. 까다로운 규제들이 너무나 많지만, 교토 시에 신청만 하면 허용해주거나 일부 지원해주기도 하니 아주 빡빡하지는 또 않은 것 같다.

교토는 과거부터 현재까지 그 모습을 오롯이 유지하기 위해 많은 노력을 들이고 있다. 그 뒤에는 교토를 열성적으로 사랑하는 주민들이 있었고, 그 노력을 바탕으로 만들어진 전통적인 교토의 길거리에는 많은 관광객들이 지나다니며 주민들과 소통하고 있다. 아마 몇 백 년 전에도 사람들의 겉모습만 다를 뿐이지, 지금처럼 와자지껄한 모습이지 않았을까. 앞으로 10년, 20년 뒤 아니면 더 먼 미래에도, 교토의 길거리는 변하지 않는 전통적인 모습으로 변한 나를 언제든지 반겨줄 것만 같다.

전통적인 절, 기요미즈데라에서.

참고문헌

산허리에 있는 교토의 대표적인 절, 기요미즈데라

ko.wikipedia.org/wiki/%EA%B8%B0%EC%9A%94%EB%AF%B8%EC%A6%88%EB%8D%B0%EB%9D%BC

ja.wikipedia.org/wiki/%E6%B8%85%E6%B0%B4%E5%AF%BA

www.kr.jal.co.jp/krl/ko/guidetojapan/detail/index.html?spot_code=kiyomizu

karadastyle.com/kiyomizudera

tryitnow.tistory.com/290

금으로 된 누각이 반짝반짝, 킨카쿠지

ko.wikipedia.org/wiki/%EB%A1%9C%EC%BF%A0%EC%98%A8%EC%A7%80

ikidane-nippon.com/ko/interest/kinkaku-ji

ko.japantravel.com/%EA%B5%90%ED%86%A0/%EB%AA%85%EC%84%B1%EB%A7%8C%ED%81%BC-%EC%95%84%EB%A6%84%EB%8B%A4%EC%9A%B4-%ED%82%A8%EC%B9%B4%EC%BF%A0%EC%A7%80-%EF%A4%8A%E9%96%A3%E5%AF%BA/20143

ja.wikipedia.org/wiki/%E9%B9%BF%E8%8B%91%E5%AF%BA

syukatsulabo.jp/article/4252

철학의 길 끝에 위치한 고요하고 검소한, 긴카쿠지

ko.wikipedia.org/wiki/%EC%A7%80%EC%87%BC%EC%A7%80

blog.naver.com/va2ron/221265886451

m.blog.naver.com/PostView.nhn?blogId=fulcanellli&logNo=220417044781&proxyReferer=https%3A%2F%2Fwww.google.co.jp%2F

ko.wikipedia.org/wiki/%EC%B2%A0%ED%95%99%EC%9D%98_%EA%B8%B8

ikidane-nippon.com/ko/interest/philosophers-path

나무 한 그루조차 없는 난해한 정원, 료안지

ko.wikipedia.org/wiki/%EB%A3%8C%EC%95%88%EC%A7%80

redtop.tistory.com/257

ko.wikipedia.org/wiki/%EC%98%A4%EB%8B%8C%EC%9D%98_%EB%82%9C

교토 관광의 입구, JR 교토 역 빌딩

ja.wikipedia.org/wiki/%E4%BA%AC%E9%83%BD%E9%A7%85

archirecords.com/blog-entry-221.html

참고문헌

구불구불한 곡선이 기대감을 자아내는, 교토 콘서트홀

kyoto.travel/ko/thingstodo/museums/97

ja.wikipedia.org/wiki/%E4%BA%AC%E9%83%BD%E3%82%B3%E3%83%B3
%E3%82%B5%E3%83%BC%E3%83%88%E3%83%9B%E3%83%BC%E3%8
3%AB

www.archi-map.jp/mitsuo/map_of_kyoto_05.htm

kotobank.jp/word/%E5%B9%B3%E5%AE%89%E9%81%B7%E9%83%
BD-867504

archirecords.com/blog-entry-133.html

물에게 너무나 친절한 '미로' 상가, 타임즈1 & 2

archirecords.com/blog-entry-232.html

교토, 그 전통적인 거리를 걸으며.

ko.wikipedia.org/wiki/%EC%A4%91%EC%9A%94_%EC%A0%84%ED%86%B
5%EC%A0%81_%EA%B1%B4%EC%A1%B0%EB%AC%BC%EA%B5%B0_%EB
%B3%B4%EC%A1%B4%EC%A7%80%EA%B5%AC

matcha-jp.com/ko/1928

www.city.kyoto.lg.jp/tokei/page/0000024352.html

mikata.shingaku.mynavi.jp/article/3873

why.kyoto/jp/blog/03/16300

ja.wikipedia.org/wiki/%E4%BA%AC%E7%94%BA%E5%AE%B6

www.kyokobi.com/jorei%20.html

-3-

효고

ひょうご

효고 1일차 오전

'고베'에서 다시 한 번 안도 다다오를 외치다

효고 현의 현청 소재지이자 일본에서 6번째로 큰 도시인 고베는 나에게 '간사이'라는 곳을 처음 알려준 곳이다. 대학에서 가장 친했던 친구들이 태어난 곳이어서 틈만 나면 고베에 대한 이야기를 듣고는 했다. 학교를 가기 위해서는 산을 올라야 했지만 쉬는 날이면 드넓은 바다에서 뛰어놀고 고베의 이국적이고 맛난 음식을 먹으면서 자랐다는, 결국에는 친구들의 학생 시절이 좋았다는 이야기가 대부분이었지만 말이다. 그 이야기를 토대로 내가 생각하는 고베를 한 문장으로 딱 정리하자면, '외국인에게 굉장히 개방적인 일본의 대표적인 항구 도시'라는 말이 제일 적절할 것이다.

고베 여행 루트를 짜고 나서 한참 동안 그 루트를 바라보니, 아니 이게 웬걸. 또다시 오사카 2일차처럼 모든 루트가 안도 다다오의 작품을 보도록 되어 버린 것이다. 반은 '안도 다다오의 사무실이 간사이 지방에 있는 만큼 당연히 간사이에 그가 설계한 건축물이 많다'는 객관적이고 냉정하게 생각하고, 반은 '이만큼 내가 안도 다다오를 존경했구나!'라고 주관적이고 감상적으로 생각하면서 효고 1일차 여행에서도 안도 다다오의 발자취를 뒤쫓아 다녀보기로 했다.

효고 1일차는 다른 지역과 다르게 오전, 오후로 나눠서 적어보았다. 당일치기 일정으로는 다소 많은 양의 정보라, 독자 여러분이 원하는 목적과 일정에 따라 선택하도록 하기 위함이다. 물론 하루 동안 바쁘게 돌면서 오전과 오후를 정복할 수는 있겠지만, 여행 때만큼은 강철 체력과 다리를 자랑하는 나조차도 이 날은 굉장히 지쳐서 숙소에 돌아간 하루였다. 정보가 많은 만큼 오전 부분과 오후 부분을 찬찬히 읽어본 뒤에, 여러분이 원하는 루트를 새로 개척해서 여행해보자.

　오사카 시내에서 고베로 가는 것은 그렇게 어렵지 않다. 오사카 중심에서 고베로 가는 기차도 30분마다 한 대씩 있을 뿐만 아니라 심지어 간사이 국제공항에서 직행 여객선을 타면 고베의 중심지인 포트 아일랜드로 손쉽게 도착할 수 있다. 난바 역이 모든 여행의 거점이었던 나는 한신 난바선(阪神なんば線)을 타고 오사카 난바(大阪難波) 역에서 고베 관광의 시작점인 고베 산노미야(神戶三宮) 역으로 향했다.

예술과 건축이 함께 부흥하는,
효고 현립 미술관(兵庫県立美術館)

위치
효고 현 고베 시 츄오 구 와키노하마카이간도오리 1-1-1(兵庫県神戸市中央区脇浜海岸通1-1-1)
준공
2002년

굵직굵직한 여행에 피곤해서 죽을 것 같았지만(앞으로 다가올 더 힘든 일
정을 모른 채), 건축물을 보러 가야한다는 일념 하에 피곤한 몸을 이끌고 이
른 아침에 고베 산노미야 역에 도착했다. 고베에 도착하자마자 내가 향한 곳
은 바로 미술관이다. 일찍 일어나서 미술관 오픈 시간에 맞춰 관광을 시작
해야 한다고 생각했기 때문이다. 산노미야 역에서 버스(HAT고베 행, 29계
통, 101계통)를 타고 약 15분을 들어간 뒤 현립 미술관 앞(県立美術館前)
에서 하차하자마자 나오는 곳. 효고 현립 미술관으로 발걸음을 옮겼다. 전
철이 편한 분들은 산노미야 역에서 한신 선을 타고 이와야(岩屋) 역에서 하
차한 뒤 도보 8분을 걸으면 된다.

효고 현립 미술관(兵庫県立美術館)은 1995년 1월 17일에 일어난 한신
아와지 대지진을 기리는 차원에서 '문화 부흥'의 상징으로써 HAT고베[1]에
건설되었다. 예술 활동에 적극적으로 참여하고 21세기 도시 생활의 공동

---

[1] 한신 아와지 대지진의 피해 지역으로 고베 시 동부 신도심으로 개발된 지역이다. HAT은
Happy Active Town의 약자다.

과제인 '인간의 풍요로운 마음'을 회복시키며 미래를 짊어질 어린이들의 감성을 함양시키자는 목표를 가지고 있다. 국내외 작품을 소장한 미술관 안의 상설 전시실은 여덟 개로 나뉘어 있다. 효고현에 연고가 있는 근대 일본 서양화를 대표하는 화가를 비롯해 화제성이 풍부한 일본 국내외의 작품 약 8,000점이 전시되어 있고, 최근에는 만화 작품 등을 전시하는 등 다양한 전시 개최로 시민들의 사랑을 받고 있다.

미술관 설계는 안도 다다오가 담당했고 연면적 약 27,500㎡로 서일본 최대 규모를 자랑하지만, 사실 미술관뿐만 아니라 미술관 뒤편의 바다에 연결되어있는 나기사 공원(なぎさ公園)까지가 안도 다다오의 설계이다. 커다란 3개의 직사각형 전시실이 배치되어 있고, 건물 사이사이에 빈 공간을 두어 바닷바람이 잘 통과하고 바다부터 고베 시내까지 시선이 고루 배치되도록 만들었다. 원래 부지에 존재했던 철공소의 자취를 남기고자 '과거'를 상징하는 철을 북쪽 파사드 소재로 썼고, 반대편인 바다 쪽은 '미래'를 상징하는 소재로 유리 커튼월을 사용하고 있다. 그리고 이 두 소재를 이 지역의 대표적인 소재인 화강암이 연결하고 있다.

건물 사이로 들어가게 되면 안도의 건축물이라는 것을 증명하듯 노출 콘크리트를 사용한 원형 테라스와 여러 곳에 배치되어 있는 발코니, 바다를 향해서 펼쳐진 대계단 등, 안도 다다오가 이곳저곳에 설치한 재밌는 공간을 찾을 수 있었다. 이윽고 실내로 들어가게 되면 조용한 입구 홀이 미술관 내부에 안정된 분위기를 선사한다. 그와 대조적으로 16m나 되는 보이드로부터 자연광이 쏟아져 내려오는 유리 회랑 등 미술관 내 여러 면모를 지닌 공간이 미로처럼 얽히고 섞여 있다. 빛이 들어오는 시간과 그 계절에 따라 다양한 모습을 연출하고 있는 미술관이었다.

　사실 미술관 건물 자체만큼이나 눈길이 가는 것이 바로 버스에서 내리자마자 보이는, 미술관 위에 앉아 있는 개구리 '미카에루(美カエル)'다. 효고 현립 미술관의 심벌 오브제인 미카에루는, 러버덕으로 유명한 네덜란드의 아티스트인 플로렌타인 호프만(Florentijn Hofman)이 2001년에 설치한 높이 8m, 폭 10m의 개구리 오브제이다. 미카에루라는 이름은 개구리라는 뜻의 '카에루(カエル)'와 '문화 부흥'으로 되돌아간다는 의미하는 카에루(返る, 돌아가다)를 연상시키면서도, 방문객이 미술관을 떠나갈 때 다시 한 번 되돌아본다는 의미(見返る)를 가

지고 있다. 이 오브제에 사용된 6가지의 색을 '미카에루 컬러'라고 부르며, 여러 문화 시설을 잇는 남북으로 2.5km의 거리인 '뮤지엄 로드(ミュージアムロード)'의 여러 장식에 사용하고 있다. 고베 뮤지엄 로드에서 '미카에루 컬러를 찾아라'

처럼 매번 수수께끼를 푸는 느낌이다.

원래라면 안도 다다오와 관련된 전시를 미술관 내부에서 볼 수 있었다. 그러나 2018년 1월부터 안도 다다오가 설계한 건축물의 모형 작품들을 모은 '안도 작품 전시실(가제)'을 증축하기 위한 공사가 진행되고 있어 현재는 중단된 상태이다. 별관은 2018년 7월 오픈 예정이고, 이것과 상관없이 미술관은 오픈하고 있다. 미술관과 같은 부지에 연면적 735㎡의 건물은 스미요시 주택과 빛의 교회 등, 대표작의 모형과 스케치로 이루어진 작품이 기존의 16점, 새로운 11점이 같이 전시될 예정이다. 효고 현립 미술관이 개관한 지 이미 16년이 지나 새롭게 방문객을 끌어들일 목적으로 기존에 있던 안도 다다오 전시를 별관에 유치한다는 아이디어를 안도가 제시했고, 비용 또한 안도 다다오가 전부 부담한다고 한다.

효고 현립 미술관을 구경한 것만으로도 이미 하나의 활동적인 전시를 본 느낌이 들었다. 미술관과 광장, 바다의 조화는 물론이고 효고 현립 미술관만이 가지고 있는 '문화 부흥'이라는 사상과 '거대 미로'를 만든 건축적 요소는 다른 안도 다다오 미술관에서 발견할 수 없는 특징들이었다. 내가 봤던 단일 건축물로서는 거대한 편이었고 길을 가장 알기 어려웠지만, 어려운 길에서 매번 마주하는 공간들에 기분이 좋아졌다. 그렇지만 하루 안에 봐야할 또다른 멋진 공간들이 앞으로도 있었기에, 효고 현립 미술관을 뒤로 한 채 새로운 건축물로 서둘러 떠났다.

전 세계 사람이 모여 사는 키타노쵸에서
안도 다다오 상업 시설 찾기!

위치
효고 현 고베 시 츄오 구 키타노쵸 일대(兵庫県神戸市中央区北野町一帯)

효고 현립 미술관을 나온 뒤에 다시 산노미야 역으로 돌아가자. 그다음 가파른 언덕에 오를 준비를 하자. 우리는 전 세계인의 화합의 장이 된 키타노 이진칸 거리로 향할 것이다.

키타노쵸는 1868년 고베 항이 개항되기 전까지는 농촌이었지만, 개항 후 외국인들의 증가로 거류지가 부족해지면서 메이지 정부가 조망이 좋은 산 쪽을 외국인 거류지로 개척했다. 이후 외국인 주택인 이진칸(異人館)이 모이게 되면서 키타노이진칸 거리가 만들어진 것이다. 전쟁이 끝나고 난 뒤에도 약 200채의 이진칸이 있었지만, 경제성장기 때 건물을 보수하면서 상당수가 없어지고 현재는 30개 정도의 건물만이 남아있다. 매우 급한 언덕에 위치해있기 때문에 만약 키타노이진칸 거리 가장 높은 지점부터 훑어 내려오는 것이 제일 편할 것이다.

일본 안의 작은 외국같은 이곳 키타노쵸에서, 짧은 시간에 안도 다다오 건축물을 무려 6개나 만날 수 있다면 믿겠는가? 키타노쵸에는 초창기의 젊었던 안도 다다오가 설계한 상업 시설을 여러 개 만나볼 수 있다. 앞에서 만났던 갤러리아 아카, 타임즈와 어떤 점이 같고 어떤 점이 다른지 상상해보자!

키타노이진칸에 위치한 스타벅스

◈ ROSE GARDEN

위치 : 고베 시 츄오 구 야마모토도오리 2-8-15(神戸市中央区山本通2-8-15)

준공 : 1977년

키타노쵸 지역에서 볼 수 있는 안도 다다오의 첫 건물이다. 유럽 감성이 물씬 풍기는 키타노쵸에 잘 스며들 수 있도록 빨간 벽돌 외관을 가진 작품은, 노출 콘크리트로만 건축을 짓는 안도의 작품 치고는 진귀한 건축물이다. 그렇지만 내부 공간은 안도의 상업 시설답게 복잡한 구성을 가진다. 그리고 키타노쵸의 언덕길을 잘 사용한 것도 또 다른 특징이다.

◈ KITANO ALLEY

위치 : 고베 시 츄오 구 야마모토도오리 2-9-13(神戸市中央区山本通2-9-13)

준공 : 1978년

건물로 둘러싸인, 그다지 좋지 않은 입지의 KITANO ALLEY는 다른 키타노쵸 상업 건물들에 비해 건물 중정까지 긴 통로를 가지는 게 특징이다. 원래라면 안도 다다오스러운 노출 콘크리트

여야 하지만 주인이 안도 다다오의 허락 없이 노출 콘크리트에 하얀 페인트를 칠해, 안도 다다오가 매우 화냈다는 소문이 있다.

◈ RIN'S GALLERY

위치 : 고베 시 츄오 구 키타노쵸 2-7-18(神戸市中央区北野町2-7-18)

준공 : 1981년

RIN'S GALLERY 또한 ROSE GAR-DEN처럼 빨간 벽돌로 외관이 설계되어 안도 다다오스럽지 않은 느낌이 든다. 각 층의 높이 또한 달라 재미를 더하고, 미로 형식으로 되어 있다. 복잡한 구성으로 만들어진 빛과 어둠, 넓고 좁음의 대비가 돋보이는 건축이다.

◈ RIRAN'S GATE

위치 : 고베 시 츄오 구 야마모토도오리 2-4-24(神戸市中央区山本通2-4-24)

준공 : 1986년

지금까지 키타노쵸의 안도 다다오 작품들이 벽돌이나 박공 지붕을 이용하는 등 이진칸을 의식해서 설계를 한 것이 특징이었다면, 이 이후의 작품은 안도 다다오의 노출 콘크리트가 주로 이용되고 있다. 각 층의 통로를 조금씩 다르게 후퇴시키는 작은 설계 기법으로 건물 전체 공간의 질을 올린 작품이다.

◈ WALL STEP(구 OXY키타노)

위치 : 고베 시 츄오 구 야마모토도오리 2-12-18(神戸市中央区山本通2-12-18)

준공 : 1986년

건물 자체는 철판을 사용해 평범하지만, 지하에 노출 콘크리트 벽이 비스듬하게 배치되어 있는 것이 특징이다. 곡면의 벽을 타고 내려가면 부지 모양과 비슷한 중정이 나타난다. 그 외에는 여느 안도 다다오의 상업 시설과 같은 특징이다.

◈ WALL AVENUE(1989년 준공)

위치 : 고베 시 츄오 구 야마모토도오리 1-7-17(神戸市中央区山本通1-7-17)

준공 : 1989년

키타노 일대에서 안도 다다오가 가장 최근에 설계한 상업시설이다. 건물 입구가 매우 좁고 안쪽으로 갈수록 넓어지는 부지를 잘 이용한 것이 특징이

나. 주차장과 건물 사이에 벽을 비스듬하게 붙이면서 통로와 중정을 만들어 공간에 변화를 주고 있다. 갤러리의 용도로 건축된 빌딩이기에 조그마한 갤러리들이 각 층을 구성하고 있다.

고베 항의 랜드마크,
고베 포트 타워(神戸ポートタワー)

위치
효고 현 고베 시 츄오 구 하토바쵸 5-5(兵庫県神戸市中央区波止場町5-5)
설계
닛켄셋케이 공방(현 닛켄셋케이)
준공
1963년

　잠시 안도 다다오 건축물에서 벗어나보자. 키타노 지역의 관광을 끝내고 산노미야 역에서 고베 차이나타운 난킨마치(南京町) 쪽으로 걸어가며 천천히 고베 시내를 관광하자. 그리고 나서 고베 시내 여행을 마무리짓는 고베 항구로 향하는 것이다. 역사적으로 일본에서 중요한 항구로 꼽히는 고베 항에서 하버랜드와 메리켄 파크, 그리고 우아한 자태를 뽐내며 서 있는 '고베 포트 타워'를 직접 내 눈으로 보니 비로소 고베가 항구 도시라는 실감이 났다.

　고베 포트 타워(神戸ポートタワー)는 개항 90주년을 기념하며 고베 항 나카톳테이(中突堤) 제방에 건설된 세계 최초 파이프 구조로 지어진 전망대이다. 1961년 고베 항은 이미 많은 화물선이 취항하는 무역 거점이자 여러 여객선의 터미널로서의 입지를 구축하고 있었다. 당시 고베 시장이던 하라구치 츄지로(原口忠次郎)는 1959년에 시찰로 로테르담을 방문했을 때 본 '유로마스트(Euromast)'에서 고베 포트 타워의 힌트를 얻어, 고베 항의 끊임없는 진흥과 발전을 위해 고베 항에도 타워 건축을 짓는 계획을 세웠다.

그는 고베에 '세계에서 본 적 없는 유니크한 디사인과 다른 타워에 지지 않는 세계적인 가치를 가지고 아름다운 고베 거리에 매치되는 시민에게 사랑받는 심볼'이라는 매우 이상적인 조건을 내걸었다.

일본 전통 북(鼓)을 세워서 길게 늘인 듯한 이미지의 고베 포트 타워는 높이 108m에, 아름다운 쌍곡면을 품는 모양이다. 이런 독특한 구조와 모습에서 '철탑의 미녀(鉄塔の美女)'라는 별명도 가지고 있다. 대나무 바구니처럼 짜인 파이프들은 꼬여있는 듯이 보이지만, 32개의 파이프가 각각 일직선으로 비스듬하게 윗부분으로 뻗어나가, 잘록한 부분에서 교차하면서 완만한 형태를 유지할 수 있다고. 당시 설계를 담당한 담당자는 시장이 내건 '독특한 외관'이라는 조건에 매우 부담을 느끼며 몇 번이고 스케치를 하던 도중, 중학교 2학년 때 수학 선생님이 쌍곡면을 그리면서 우수성에 대해서 칭찬하던 것을 우연히 떠올렸다고 한다. 쌍곡면이면 기능적으로도, 설계 배치상으로도 합리적이지 않을까하고 접근한 것이 지금의 고베 포트 타워를 만들어 내었다.

타워 건설 당시, 이처럼 특수한 구조를 가진 건축물에 대한 예시도 없고 정확한 구조 계산에 대한 기준이 없었기 때문에 수많은 구조적인 실험과 해석을 반복하며 검증에 만전을 기했다. 그러기 위해서는 모형을 정교하게 복제해서 실험을 계속 하는 수밖에 없었다. 하중이 건물에 가해졌을 때, 큰 지진이 왔을 때, 강한 태풍이 몰아칠 때 등 여러 상황을 상상하면서 모형을 가지고 실험한 결과, 나중에는 실물로 똑같이 데이터를 측정해도 실험 때와 거의 변하지 않는 수치를 나타냈다. 이런 안전성 실험을 몇 번이고 거쳐서 세워진 타워는 1995년의 진도 7이나 되는 한신 아와지 대지진에도 미동도 하지 않았다. 실험적인 건축물이었기에 모두 신중하게 만든 애정 어린 건물이 틀림없다.

타워는 낮에는 붉은 기둥들이, 밤에는 타워에 붙어 있는 7,040개의 리뉴얼된 LED조명이 40 종류의 일루미네이션을 만들어 랜드마크의 역할을 톡톡히 한다. 타워 꼭대기 부분에는 'PORT OF KOBE'라는 네온사인을 배치해 야간에도 항구거리 고베의 랜드마크로 사랑받는다. 1층부터 5층까지 각 층별로 즐길 수 있는 다양한 공간이 있는 이 포트 타워에서 꼭 봐야할 공간

고베타워의 야경과 그 옆의 고베 해양 박물관

은 바로 파노라마 뷰다. 지상 75m에 위치한 1층에서는 사람이 다가가면 센서가 반응해 바닥판이 투명해져 밑부분이 보이는 스카이워크 체험을 할 수 있고, 360도로 고베 시의 바다와 시가지를 한 눈에 조망할 수 있는 5층의 파노라마는 사진에 전부 담을 수 없는 것이 안타까울 정도로 아름답다.

시간이 남아있다면 고베 항구의 또 다른 랜드 마크를 둘러볼 차례이다. 첫 번째는 바로 길 건너에 위치한 고베 해양 박물관(神戶海洋博物館)이다. 이곳 또한 고베 항의 랜드 마크이며, 건물 위의 하얀색 철골은 마치 돛단배의 돛을 연상시킨다. 내부에는 다양한 배의 구조와 매력, 고베 항에 대한 자료를 전시하고 있다. 또 다른 랜드 마크는 바로 고베 메리켄 오리엔탈 호텔(神戶メリケンパークオリエンタルホテル). 바다와 친숙한 디자인을 만들기 위해 하얀 파도를 형상화한 완곡한 유선형 모양을 가지고 있다. 고베 포트 타워와의 밸런스도 맞추기 위해 낮게 만들었다. 메리켄 파크에서 각각의 랜드마크인 고베 포트 타워와 고베 해양 박물관, 메리켄 오리엔탈 호텔이 담기게 사진을 찍고 항구 도시 고베에서 인생사진을 건진 뒤에, 고베 항구와의 아쉬운 작별인사를 했다.

본고장에서 맛보는 와규의 끝판왕,
'고베규'

　나는 요리를 못하기 때문에, 대리만족 삼아 유튜브에서 먹방이나 요리 프로그램을 자주 찾아보곤 한다. 그중에서도 유명 셰프인 고든 램지가 심사위원으로 나오는 마스터 셰프나 헬스키친을 보면, 매 시즌마다 결승 언저리에 고급 식재료로 와규가 한 번씩 등장한다. 그걸 본 참가자 반응은 대부분 '아니 저런 고급진 재료로 어떻게 멋진 요리를 만들라고!'라며 당황해한다. 재료를 설명하는 상황을 보면 대충 '일본산' 소고기인 것 같은데, 왜 굳이 와규가 아닌 고베 비프를 들고 나오는 것일까. 그리고 어떤 맛이기에 고든 램지도 와규를 극찬하는 것일까?

　사실 일본에서 동물 사육의 역사는 그렇게 길지 않다. 예전부터 식용으로 가축을 기르는 문화가 거의 없었고, 대부분 수렵으로 잡은 사슴이나 멧돼지를 먹어왔다. 그리고 불교가 일본에 전파되면서 1,000년이라는 오랜 시간 동안 고기를 먹는 것을 멀리 했던 이유도 있다. 그렇지만 메이지 시대의 문명개화 이후, 서양의 대표적인 식재료인 소고기를 먹는 것을 정부에서 캠페인까지 열어가며 장려하기 시작했다. 그렇지만 소고기가 일반 가정의 식탁에 오르게 된 것은 2차 세계대전이 끝나고 경제 상황이 안정되기 시작한 후의 일이다. 그리고 현대의 일본 사람들은 1960년대보다 약 10배나 되는 고기를 먹게 되었고, 최근에는 어류보다 고기 소비량이 훨씬 많을 정도로 고기를 사랑하게 되었다.

　그렇다면 과연 와규는 무엇일까? 와규(和牛)는 말 그대로 일본 소고기라는 뜻이다. 보통 메이지 시대 이후에 해외에서 도입한 품종과 일본의 재래종을 교배해 새로 만든 소의 품종을 의미한다. 그 중 우유 생산과 식용 겸용으로 만들어진 품종이 대부분이고 문명개화의 수요를 대응하기 위한 용도였지만, 사실 농촌에서 사용하는 소는 밭에서 일하는 사육용이라 효과는 그다지 크지 않았다고 한다. 와규에는 품종 개량으로 탄생한 쿠로게와슈(黒毛和種, 흑모), 아카게와슈(褐毛和種, 갈모), 무카쿠와슈(無角和種, 무각), 니혼탄카쿠슈(日本短角種, 일본단각)의 4품종이 있지만, 시장에 출시되는 대부분의 와규는 쿠로게와슈이다. 그런데 이런 품종 개량 과정 중에서 순수한 재래종 소를 보존할 생각은 전혀 하지 못해 일본 내 두 섬에 겨우 남은 소는 천연기념물로 지정되는 웃지못할 상황이 벌어졌다. 현재 와규는 그 맛과 브랜드 때문에 호주나 미국 등 해외에서도 교배를 통해 생산되며 일본보다는 싼 가격에 팔리고 있으니, 사실은 와규는 우리에게서 그렇게 마냥 멀고 비싼 존재는 아니다.

우리나라에서도 횡성 한우가 가장 유명하듯, 일본 와규 중에서 끝판왕을 꼽으라면 바로 고베규(神戸牛)일 것이다. 세계에서 가장 비싼 소고기 중 하나인 와규 중에서도 미에 현의 마쓰자카규(松坂牛), 야마가타 현의 요네자와규(米沢牛), 그리고 고베규(神戸牛)가 3대 소고기로 꼽힌다. 그중에서도 고베에서 기른 소만 고베규라는 이름을 쓸 수 있을 정도로 고베규를 와규의 제일로 꼽는다. 또 효고 현산 타지마규(但馬牛) 중 마블링 정도인 BMS가 A·B등급이고 도체 무게가 450kg 이하인 엄격한 기준을 통과해야 하기도 하다. 1868년 1월 1일에 국제적으로 항구가 개항하면서 외국인들이 많이 모이기 시작한 고베에서 농작업용으로 길러진 타지마규를 한 영국인이 먹고, 그 맛에 반한 것이 고베규의 시작이었다. 그 뒤로 고베에 들어오는 외국 배들에서도 소고기 납품을 원할 정도로 고베규는 외국인들에게 인기가 많아지면서 자동적으로 일본 내에서도 유명해지기 시작했다. 이런 고베규의 명성을 계속 유지하기 위해 고베규 유통추진협의회(神戸肉流通推進協議会)를 배치해 자체적으로 체계화된 등급관리를 시행하면서 더욱 고급스러운 이미지로 자리매김을 하려고 노력하고 있다.

맛있다고 정평이 난 고베규는 오바마 대통령이 2009년에 일본에 방문했을 당시 꼭 먹어보고 싶다고 부탁을 했다고 할 정도였다고 한다. 도대체 얼마나 맛있기에 이렇게나 인기가 좋은 것일까? 고기가 너무나 부드러워 마치 버터처럼 입안에서 녹아내린다, 고기에 서리가 내린 듯 마블링이 골고루 섞여 있고, 부드러우면서 향미가 뛰어나다는 평가를 받는다. 다른 지방의 소고기에 비해 육질이 유난히도 부드럽고 지방이 많으며 콜레스테롤 함량이 낮기로 유명하다.

고베규를 키우는 사육법에 대해서 여러 소문들이 있다고 한다. 밥 먹을 때 소에게 음악을 들려준다거나, 맥주를 먹인다거나, 소에게 마사지를 해준다거나 등… 이런 방법으로 실제로 소를 사육하는 곳도 일부 존재는 하지만, 모든 고베규가 이런 방법으로 사육되는 것은 아니다. 음악을 들려주는 건 파

블로프의 개처럼 소들이 밥을 먹을 때를 알기 위해 하는 방법이고, 맥주는 식욕 증진을 위한 것이고 마사지는 우리에 갇힌 소들이 가급적 스트레스를 덜 받도록 하기 위함이지, 고베규의 육질에 직접적인 영향을 미치지는 않는다. 그렇지만 소들에게 영양이 풍부한 사료를 먹이고 질 좋은 물을 마시게 하는 것은 매우 중요하다고 한다.

　이렇게나 소문난 고베규. 역시 본고장인 고베에 가게 되면 한 번쯤은 맛봐야 하지 않을까. 고베규를 먹으려면 고베규 유통추진협의회에서 발급하는 고베규 인증이 붙어 있는 레스토랑을 찾으면 된다. 고베규 스테이크를 저녁에 먹으려면 그 가격에 놀라게 되니, 점심에 런치 코스로 먹어보도록 하자. 대부분의 점심 스테이크는 한 덩이 150g 정도에 3,000 엔 안팎으로 먹을 수 있을 것이다. 돈이 없는 나로서는 스테이크가 아닌 햄버거나 규동, 라멘처럼 나름 값싸고 외국인들을 겨냥한 음식으로 대체하면서 위안을 삼았다. 그렇지만 여러분은 시간과 돈을 들여서 여행을 하는 만큼 본고장에서 고베규를 제대로 먹어보자. 이때 아니면 언제 먹어보겠는가. 나는 다음에 방문하게 되면 고급 레스토랑의 자리 좋은 곳에서 스테이크를 썰 것을 다짐하고, 눈물을 머금은 채 다음 황제 여행을 기약하면서 고베를 떠났다.

효고 1일차 오후

고베 옆 '아와지 섬'으로 살짝 벗어나다

일본에서 가장 오래된 역사책인 '고사기'와 두 번째로 오래된 일본 역사서인 '일본서기'에 의하면, 아와지 섬은 일본 열도에서 가장 먼저 탄생한 섬이자 신들이 머물렀던 신비한 곳이다. 일본 건국 신화를 좀 더 깊게 알기 위해 아와지 섬(淡路島)을 방문하는 사람이 있다면, 세계 제일의 소용돌이 조수를 가진 아와지 섬에서만 느낄 수 있는 바다의 매력을 한껏 즐기러 오는 사람과 연중 온난하고 비가 거의 내리지 않아 언제나 화창한 섬을 배경으로 가족 소풍을 오거나 웨딩 촬영을 하러 오는 사람도 여럿이다. 세토내해 섬 중에서 가장 큰 섬인 아와지 섬에서, 앞으로 어떤 건축 이야기가 펼쳐질까?

앞 오전 편에서도 언급했듯, 효고 1일차에는 하루 일정으로는 조금 벅찰 수도 있는 양의 정보가 담겨있다. 오전 편인 고베와 오후 편인 아와지 섬의 건축물들을 찬찬히 읽어보고 마음에 드는 루트를 자유롭게 골라 그대로 따르던, 혹은 좀 더 심도 깊은 여행을 즐겨도 좋다. 어떠한 여행이든, 여러분이 만족할만한 여행을 하면 그것이 정답인 것이다.

고베 시내 관광지를 어느 정도 돌아보고 난 다음 안도 다다오 작품을 보러 모토마치 역으로 향했다. 모토마치(元町) 역에서 도카이도 산요본선을 타고 30분을 더 들어가면 나오는 마이코(舞子) 역. 고베의 중심지였던 산노미야 역이나 모토마치 역보다는 많은 사람들이 내리지 않았지만, 완전 시골을 생각했던 내 생각과는 조금 다르게 마이코 역은 어느 정도 규모가 있는 역이었다. 마이코 역에서 내리자마자 한껏 느껴지는 바다 내음과 함께 또다른 안도 다다오의 작품을 만날 생각에 가슴이 벅차올랐다. 즐거운 마음에 굳이 지하철을 타지 않고 기분 좋은 바닷바람을 맞으며 해안가를 따라서 걸었다. 거기다 지하철 내부가 오히려 더 찜통이었고 환승하려면 야외 플랫폼에서 기다려야 한다는 사실은 내 발걸음을 더 가볍게 했다.

자연 속에서 살아가는 사람을 담은,
4m × 4m의 집(4m × 4mの家)

위치
효고 현 고베 시 타루미 구 카리구치다이(兵庫県神戸市垂水区狩口台)
(개인 주택이기 때문에 구체적인 주소는 생략)

준공
2003년

　니시마이코(西舞子) 역에서 도보로 5분 정도 거리에 위치한 4m x 4m의 집(4m × 4mの家)은 아카시 해협(明石海峡)을 앞에 두고 위치해 있었다. 이 주택은 생활 잡지 Casa BRUTUS의 '약속건축(約束建築)'이라는 이름의 유명 건축가가 집을 지어주는 초대형 기획으로 만들어진 소형 주택이며, 한 변이 4.75m인 노출 콘크리트 정육면체가 1m정도 본체에서 비스듬하게 나와 있는 모양이 특징이다. 10평이 채 되지 않아 주택 치고는 작은 규모가 아닌가 싶었지만, 안도 다다오는 소규모의 주택 설계에서 가장 재밌는 발상이 나온다고 한다. 왜냐하면 규모가 작은 집을 쓸모있게 짓기 위해 머리를 짜고 노력하는 동안 '건축에 대한 가치관'이 길러진다고 생각하기 때문이다. 오사카에서 보았던 스미요시 주택이나 니혼바시의 집처럼 이 집 또한 개인 소유였기 때문에 내부를 견학할 수 없었지만, 안도 다다오가 설계한 주택스러운 (?) 상황을 상상해보았다. 하루에 몇 번이고 계단을 이용해야 하지만, 주택에서 바라보는 아카시 해협의 뷰는 끝내주니 큰 불평은 하지 않고 살아가는 집주인의 모습을 말이다.

　첫 번째 방문 당시에 4m × 4m의 집 2개가 서로 마주보고 같은 부지 내에 서있었다. 4m × 4m의 집은 하나라고 생각해왔던 나는, 표절한 건축물이 대놓고 옆에 서있는 건가 하고 한참을 고민했지만 나머지 하나도 안도 다다오 설계라는 것을 확인하고 안도감을 느꼈다. 4m x 4m의 집 2라는 이름의 복제품(?)은 1과 다르게 개인의 의뢰로 안도 다다오가 설계한 작품으로, 1보다 2년 늦은 2005년에 준공되었다. 콘크리트 건물이 아닌 목조 주택에, 파사드를 검은색으로 발라놓았다는 점이 기존 건물과 다르다. 중간에 보이지 않는 축을 놓고 1과 2가 대칭되는 기이한 모습이었지만, 안타깝게도 2014년 7월 해체하여 지금은 존재하지 않는다. 한 건물이 10년을 버티지 못한 건, 집 주인의 10년 정기차지권(定期借地権) 계약이 끝나면서 집을 이어받을 사람을 물색했지만 발견하지 못해 그냥 주택을 해체해버렸기 때문이다.

사실 4m x 4m의 집은 안도 다다오 작품 치고는 그렇게 유명한 작품은 아니다. 그렇지만 더운 여름날 땀을 뻘뻘 흘리며 고생해서 만난 작품인 만큼 4m x 4m의 집 앞에서 작품을 한참동안 바라보았다. 그리고 멀리 보이는 현수교 '아카시 해협 대교'와 4m x 4m의 집을 동시에 바라보면서 바다의 광활함과 그 바다를 대하는 사람의 자세에 대해서 다시 한 번 생각하는 시간을 가졌다. '쾌적함과 편리함을 추구하지 말고, 살기 불편함을 각오한 뒤에 자연과 함께 살아가기를 바란다.' 사람과 자연을 대하는 안도 다다오의 생각이 잘 드러나는 주택이었다.

광활한 콘크리트 정원과 바다의 아름다운 하모니, 아와지 유메부타이(淡路夢舞台)

위치
효고 현 아와지 시 유메부타이 2(兵庫県淡路市夢舞台2)
준공
2000년

4m x 4m 주택을 보고 아카시 해협 대교를 건너 아와지 섬(淡路島)에 가기 위해 마이코 고속버스 터미널(이라고 하기엔 규모가 작은 버스정류장)에 도착했다. 그리고 버스를 타기 위해 표를 구매하러 간 순간 직원 분은 나에게 영어로 목적지를 물었고 오랜만에 듣는 영어에 당황해버린 나는 주눅든 상태로 버스를 탔다. '이 버스는 아와지 유메부타이에 도착하였습니다.' 친절한 버스 기사의 안내에 많은 사람들과 함께 내렸지만, 나 혼자 관광객들과는 전혀 다른 길로 들어서는 바람에 곤욕을 치르게 되었다. 그러던 도중 또 다른 친절한 직원이 유메부타이로 향하는 입구를 알려주었고, 나는 친절한 일본인들 덕분에 유메부타이로 갈 수 있게 되었다.

아와지 유메부타이(淡路夢舞台)는 효고 현 아와지 시에 있는 복합 문화 시설로, 설계 콘셉트는 '사람과 자연의 공생'이다. 당시의 아와지 섬은 간사이 국제공항 건설을 위해 흙을 닥치는 대로 빼앗겨 자연이 망가진 곳이었다. 그리고 안도 다다오는 그곳을 다시 자연으로 되돌리고 전 세계의 사람들이 모이는 장소로 만들고 싶다는 의뢰를 받았다. 당시 나무라고는 전혀 찾아볼 수도 없던 곳에 나무를 키우면서 자연 새생을 꾀하는 긴 세계에서도 전례를 찾기 힘들 정도였기에 처음에는 안도도 맡아야 할지에 대한 고민이 많았다. 그러나 효고 현의 한 직원이 '효고 현의 롯코 산(六甲山)도 100년 전에 자원 개발을 핑계로 나무를 전부 베어버린 민둥산이었지만, 지금은 나무들이 울창하게 자랐으니 아와지 섬도 해낼 수 있을 것'이라고 이야기를 해, 결국 맡기로 결정했다고 한다. 그리고 당시에 30cm였던 묘목이 지금은 크게 자라서 울창한 자연을 형성했다.

유메부타이는 원래 아카시 해협 대교가 개통된 1998년에 맞춰서 완성될 예정이었으나 공사 도중 한신 아와지 대지진으로 인해 잠시 공사가 중단됐다. 심지어 지진의 진원지가 유메부타이 근처였기에 다양한 정밀 조사를 실시했다. 그 결과 부지 내에 여러 개의 활성 단층이 발견되었고, 부득이하게 설계를 변경하게 되었다. 설계 변경과 건설에 2년이라는 기간이 소요되었으며, 아와지 유메부타이는 2000년 3월 '아와지 꽃 박람회'의 개막과 함께 오픈했다.

유메부타이에는 쾌적한 리조트 호텔, 100만 개의 조개 껍질을 쌓아서 만든 조개의 해변, 일본 최대 규모의 유리 온실, 꽃을 잔뜩 심은 100개의 화단, 바다의 교회, 야외 극장, 국제 회의장 등 사람들이 모일만한 여러 시설들이 갖춰져 있다. 또 이러한 시설들을 산책길과 발코니로 연결해 시설 전체를 천천히 걸으면서 즐길 수 있도록 회랑식 정원을 이루고 있다. 며칠 간 계속된 여행에 제대로 자지 못하고 카메라와 여러 장비를 들고 움직이는 나로서는 너무나 피곤한 건물이겠구나 싶었다. 그러나 유메부타이 안으로 들어간 순간, 인공적인 콘크리트 시설들이 탁 트인 자연과 함께 공존하고 있다는 느낌을 받았다.

100개의 화단 '햐쿠단엔(百段苑)'

아와지 유메부타이는 '안도 다다오 테마파크'라고 이름을 붙일 수 있을 정도로, 연면적 3만 평에 달하는 부지에 다양한 안도 다다오의 건축 기법을 만날 수 있었다. 많고 많은 시설 중에서 나는 100개의 화단인 '햐쿠단엔(百段苑)'과 '조개의 해변과 분수(貝の浜と噴水)'에 굉장한 감명을 받았다. 유메부타이에서 가장 잘보이는 경사면을 따라 계단 형태로 늘어선 햐쿠단엔. 지그재그 모양으로 쌓인 화단을 천천히 걸어 올라가는 것이 단순히 일직선으로 올라가는 것보다 훨씬 재밌었고 전 세계의 국화과 식물들을 만날 수 있었다. 시끌벅적 아이들이 화단 근처에서 뛰어놀고 커플들이 해바라기를 배

경 삼아 사진을 찍는 것을 구경하면서 경사면을 전부 다 오르고 뒤를 돌아본 순간…! 햐쿠단엔에 심어져 있는 꽃들과 안도 다다오의 콘크리트 건물, 바다가 한꺼번에 보이는 풍경을 보고 이게 바로 안도 다다오가 바랐던 자연 재생이구나 싶었다. 한동안 풍경 감상에 젖고 난 뒤 햐쿠단엔의 옆길로 빠졌을 때 바닥에 조개껍데기가 깔린 폭포가 나타났다. 총 100만 개의 가리비가 촘촘하게 깔려있었는데 모두 수산 가공 공장에서 버려질 예정이었던 조개껍데기를 재활용한 것이다. 그곳에서 흐르고 있던 물줄기를 따라 내려오면서 마치 내 자신이 물줄기와 함께 바다 속으로 들어가는 것 같아 일체감을 느낄 수 있었다.

아와지 유메부타이는 내가 제일 좋아하는 작품이다. 위에서 말했듯, 나무

조개의 해변과 분수(貝の浜と噴水)

와 콘크리트와 바다를 한눈에 담은 순간, 자연이라는 광활하고 멋진 존재를 눈앞에서 가장 생생히 느낄 수 있기 때문이다. 그리고 그런 화단에서 웃으면서 자연을 즐기고 있던 사람들의 모습이 너무 좋았기 때문이다. 자연과 건축과 사람이 공존하는 유메부타이에서 나는 안도 다다오와 그의 작품에 경의를 표했다.

연꽃 수면 밑의 신비한 공간 '물의 절', 혼푸쿠지 미즈미도(本福寺 水御堂)

위치
효고 현 아와지 시 우라 1310(兵庫県淡路市浦1310)
준공
1991년

거대한 유메부타이를 얼추 다 돈 다음 리조트 로비에서 직원에게 다음 목적지인 '물의 절'까지 가는 방법을 물었다. '택시도 가고 걸어서도 갈 수 있어요!' 라는 대답을 들은 나는 시간보다 돈이 더 없었기에, 뜨거운 땡볕 아래였지만 40분 정도를 길을 따라 걸었다. 곧 유메부타이에서 물의 절까지는 약 3km 정도 되니 로비에서 택시를 부탁하는 것이 좋았겠다는 것을 깨달았지만. 구글맵과 표지판만을 의지한 채 걸으니 혼푸쿠지 본당이 나타났고, 본당의 나무들을 뚫고 나가니 바다가 살짝 보이는 언덕 위에 기다란 곡면의 콘크리트 담벼락을 만날 수 있었다. 드디어 혼푸쿠지 미즈미도(本福寺水御堂), 이름하여 물의 절에 다다른 것이다.

한여름 바다 한가운데 있는 섬이라 매우 습하고 더워서, 그 유명한 안도 다다오의 작품에 방학 시즌임에도 불구하고 사람이 거의 없다시피 했다. 콘크리트 담벼락 안으로 들어가면 산을 배경으로 연꽃이 떠있는 타원형 연못이 나타나 신비로움을 자아낸다. 연못 가운데에 있는 계단을 타고 내려가면, 드디어 물의 절 입성이다.

  물의 절 내부의 모습은 콘크리트 덩어리일거라고 예상했지만, 실제로 만
난 풍경은 전혀 달랐다. 밖에서 보았을 때는 평범한 안도 다다오의 노출 콘
크리트였지만, 지하 법당 입구에서 내부를 바라보았을 때는 안쪽에 주홍색
타원형 회랑이 나타난다. 이 둘은 벽 밑에 달려있는 조명에 의해 은은하게
빛나면서 지하 본당의 신비로운 분위기를 자아냈다. 신발을 벗고 타원형 벽
면을 따라 경건한 마음을 가지고 왼편으로 몇 걸음 걸으면 본당을 맞이하게
되고, 내부에는 아와지 시의 중요문화재인 약사여래불이 조용히 앉아 있다.
그리고 다시 몇걸음 옮기면 조명이 아닌 서쪽에서 자연광이 들어와 본당 내
부를 밝히게 되고, 자연광은 오른편에 위치한 본당의 불상을 빨갛게 물들이

면서 극락정토를 연출한다. 그 신비로운 모습 앞에서 이후의 여행 또한 즐겁기를 기도하며 부처님에게 삼배를 한 뒤에야 물의 절 견학이 끝났다. 과연 어떠한 의도로 이러한 건물을 만들었을까, 라는 의문을 남긴 채 말이다.

산요 전기(三洋電機)의 창립자인 이우에 토시오(井植歲男)는 혼푸쿠지의 단가(檀家, 특정 절에 소속해 절을 지지하는 집)였다고 한다. 그는 산요 전기가 커지면 꼭 절을 새로 짓겠다고 약속했지만 실현시키지 못한 채 죽게 되고, 그의 아들인 사토시(井植敏)가 아버지의 유언을 실현시키기 위해 안도 다다오를 찾아가게 되었다. 그렇게 설계를 맡게 된 안도 다다오는 그의 첫 사원 건축인 혼푸쿠지를 위해 여러 사원을 탐방하고 '과연 절이란 무엇인가'라고 심도있게 고찰하기 시작했다. 이윽고 그는 '절이란 사람들이 모이고 마음의 풍요로움을 느낄 수 있는 공간'이라는 결론을 내었다. 신자들에게는 매력적인 절을 만들어야 하지만 절의 큰 지붕은 권력의 상징이니, 큰 지붕을 원하지 않는 의견이 다수 있었다. '그러면 지붕이 아니라 연꽃을 절의 상징으로 하자!'고 생각한 안도 다다오는 10m라는 타원형 연못을 만들어 그 안으로 사람들이 천천히 들어가는 형식으로 건물을 설계했고, 그 연못 위에는 불교의 원점인 연꽃을 띄워 놓았다.

연꽃 안으로 들어가는 절을 만들고 싶다고 신자들 앞에서 말했지만 주지와 300명 남짓의 단가 모두가 맨처음에는 안도 다다오의 설계를 반대했다.

전원 반대에 놀란 안도와 의뢰자 사토시는 당시 90세가 넘은 교토의 유명한 승려인 타치바나 다이키(立花大亀)에게 의견을 구했다. 안도에게 이야기를 들은 타치바나는 '불교의 원점인 연꽃 안으로 들어가는 것이 너무 좋은 아이디어여서 자신도 죽기 전에 보고 싶다'라고 극찬을 했다. 이를 들은 사토시는 '젊은이들에게 끊임없이 감동을 주는 새로운 시대의 절을 만들어보자'라고 혼푸쿠지 신자들을 설득하기 시작했고, 결국 모든 신자들의 찬성을 얻을 수 있었다. 이렇게 혼푸쿠지 미즈미도가 탄생하게 된 것이다.

관람이 끝나고 연꽃이 만개한 연못을 멍하니 구경하고 있을 때, 현지에 사는 할아버지를 만나 이야기를 나눌 수 있었다. 할아버지는 내 사연을 모두 들으시고는 응원하겠다는 격려 한마디를 해주셨다. 신비로웠던 모습과 함께 그곳에서 생긴 좋은 추억이 나의 머릿속에 남아 있기에 물의 절은 나의 또다른 소중한 작품이 되었다. 그렇게 불교와 건축에 심취해있던 나는 다시 속세로 돌아와 아와지시마 버스정류장에서 본섬으로 돌아가는 버스에 몸을 실었다. 마음 한켠에 물의 절에서 본 극락정토를 품고.

섬나라 일본,
그리고 뗄래야 뗄 수 없는 지진

2011년 3월, 일본 유학을 한창 준비 중이던 어느 날 핸드폰이 끊임없이 울렸던 사건이 있었다. 일본에 큰 지진(동일본 대지진)이 왔다는 뉴스를 접하고 많은 사람들이 걱정해 준 것이다. 당시 지진 때문에 꿈을 포기하기는 싫었고 결국에는 일본에 건너오게 됐지만, 막상 실제로 지진을 몇 번 겪어보니 확실히 언젠가 또 지진이 올까봐 무서운 노릇이다. 일본에 살게 된 이상 지진이라는 것을 피할 수 없다고 느꼈고, 그렇다면 지진에 대해서 조금은 알아놓아야 하지 않을까 싶어서 조금이나마 자료를 찾아보게 되었다. 일본을 대표하는 단어 중 하나인 지진. 이번에 그 자료들을, 여러분에게만 살짝 공개를 해볼까 한다.

먼저 지진이란 무엇일까? 잠시나마 학생 때 배운 지구과학을 상기해보자. 지구는 가장 껍질부분인 지각(판), 그 내부에 액체와 같은 맨틀, 그리고 외핵과 내핵으로 이루어져 있다. 이 중에서 맨틀 내부에서 대류현상이 일어나면, 지구 바깥에 있는 여러 개의 판들이 맨틀에 맞춰서 조금씩 움직이게 된다. 지진이란 지각이 움직이다가 서로 엇물리면서 각 지각에 힘이 가해지다, 판이 더 이상 그 힘을 견디지 못하고 급격한 지각 변동이 일어나면서 생겨나는 에너지가 파동으로 나타나는 자연 현상이다.

그렇다면 일본은 왜 지진이 잘 일어나는 나라가 된 것일까? 지진의 90%은 맨틀 위의 판들이 맞닿아 있는 '불의 고리'라고도 불리는 환태평양 조산대에서 일어난다. 불행히도 환태평양 조산대에 속한 일본은 태평양 판, 유라시아 판, 필리핀 판, 북아메리카 판이 전부 맞닿아있는 불안정한 땅 위에 자리잡은 나라이기 때문에 지진이 자주, 그리고 강하게 발생한다. 통계학적으로도 2000년부터 2009년까지 일본 부근에서 발생한 진도 5.0 이상의 지진이 전 세계의 10%, 진도 6.0 이상의 지진이 전 세계 20%를 차치하고 있다니, 일본은 지진의 나라라고 말해도 과언이 아니다.

일본에서 일어난 지진에 대해서 이야기를 시작한다면, 2016년에 일어난 쿠마모토 지진이나 1923년에 일어난 간토 대지진을 생각할 수도 있지만 많은 사람들은 2011년 3월 11일에 일어난 동일본 대지진(東日本大震災)을 가장 많이 기억할 것이다. 태평양을 진원으로 일어난 이 지진은 규모 9의 일본 지진 관측 사상 최대 규모인 지진이자, 그 시기에 후쿠시마 제1 원자력 발전소 사고도 같이 터졌기 때문일 것이다. 당시 살고 있던 사람들의 말을 인용하자면, 물건이 떨어지는 건 물론이고 땅이 갈라지거나 쓰나미가 오는 데다 6분 이상 계속 흔들렸기 때문에 모든 사람이 아비규환 상태에 빠졌다고 얘기한다. 이 지진이 사람들에게 다시 한 번 지진에 대한 두려움과 앞으로의 대책에 대해서 새로이 생각하게 만들었는지, 대학에 입학했을 때 건축학과를 지원하게 된 계기를 물어보면 많은 동기들이 동일본 대지진의 영향이 가장 컸다고 말했다. 그만큼 이 지진이 일본인들에게는 커다란 아픔과 같은 존재이다. 여담으로 내가 일본에서 살기 시작한 2012년에도 동일본 대지진의 여진이 자주 일어나곤 했다.

지진 이야기를 왜 고베 여행기 도중에 설명하냐고 묻는다면, 고베에서도 동일본 대지진만큼 커다란 지진이 발생했던 적이 있기 때문이다. 1995년 1월 17일 효고 현 남부에서 일어난 규모 7.2의 '한신 아와지 대지진(阪神・淡路大震災)'으로, 효고 현뿐만 아니라 오사카나 교토 등 간사이 지방이 전체적으로 피해를 입었다. 그 당시 진원에서 가까웠던 고베 시내는 말 그대로 파괴되었다고 말해도 과언이 아니었다. 지진이 자주 일어나는 지역이라는 것을 감안해 내진설계를 제대로 했음에도 불구하고, 건물들이 도미노처럼 쓰러지거나 한신 고속도로가 무너지는 등, 그 피해가 대단했기에 해외 신문 1면에 실릴 정도로 세계적으로 충격이 컸다. 사망자는 6,436명, 행방불명 3명, 부상자 43,942명으로 이 지진은 동일본 대지진이 오기 전까지는 세계대전 이후 일본에서 일어난 최대 규모의 지진이었고, 피해 또한 동일본 대지진 다음으로 크다.

한신 아와지 대지진 당시의 처참한 모습. 사진제공 : 고베시

친구들과 지진에 대해서 아마추어의 시선으로나마 분석을 하다 보면, 일본에 커다란 지진이 또 올 것이라는 소리를 가장 많이 듣는다. 일본인들이 가장 크게 걱정하는 지진은 바로 '난카이 트로프(해저협곡) 거대지진 (南海トラフ巨大地震)'이다. 난카이 트로프는 시즈오카 현 스루가 만(駿河湾)에서 큐슈 동쪽 태평양 연안 사이 깊이 4,000m 해저 봉우리와 협곡지대를 말한다. 이 지진은 필리핀 판과 유라시아 판 지각 쪽으로 말려 들어가면서 일어나게 되고, 2018년에 들어서자마자 일본 정부는 이 지진이 30년 이내에 발생할 확률이 80%에 육박한다고 발표했다. 난카이 트로프 거대지진은 바다가 인접한 지역에서 일어나는 지진이라 쓰나미로 인해 태평양 연안에 있는 일본의 주요 도시가 물에 잠기게 되는 상황이 발생한다고 한다. 만약에 일어난다고 하면 동일본 대지진보다 약 4배가 많은 사람들이 갈 곳을 잃게 될 예정이라고 한다. 일본 정부가 발표한 확률을 보면 무시무시하지만, 일본 정부는 이 숫자로 사람들에게 미리 경각심을 심어 대비할 생각인 모양이다.

만약 여행 도중에 이런 지진을 만나게 되면 당황해서 어떻게 대처해야할

지 모르게 될 것이다. 일단 진정하고 지금부터 읽을 표어를 잘 기억해내자. 한신 아와지 대지진을 겪고 난 뒤, 일본 소방청이 초등학생 저학년을 대상으로 피난 훈련을 교육할 때 'おはし(오하시, 직역하면 젓가락이라는 뜻이다)'라는 표어를 교육 가이드라인으로 게재했다. 오하시란, '①사람들을 밀지 않는다(오사나이, おさない)', '②달리지 않는다(하시라나이, はしらない)', '③말하지 않는다(샤(*일본어 표기상 시로 시작함)베라나이, しゃべらない)'라는 뜻이다. 최근에는 '④건물 안으로 돌아가지 않는다(모도라나이, もどらない)'도 더해서 'おはしも(오하시모)'라는 표어를 걸고 교육하는 경우가 많다고 하니, 우리도 외워놓자, 오하시모!

　우리나라도 더 이상 지진에 있어 안전한 나라가 아니라고 말한다. 몇 달 전 포항에서 큰 지진이 일어났었지만, 사실 기상청에 의하면 2017년만 해도 223번의 지진이 일어났다고 한다. 일본만큼 강한 지진이 일어나지는 않았을 뿐, 한국도 언제나 흔들려 왔던 것이다. 그렇지만 한국이 지진 안전 국가라는 생각이 강한 나머지, 피난 교육이 제대로 이루어지지 않은 점, 건물들 자체에 내진 설계가 부실한 점 등으로 봤을 때 사실 일본보다 우리나라에서 지진에 대한 인식이 하루 빨리 바뀌어야 한다는 것을 느꼈다. 일본은 하도 많은 지진을 겪다보니 그것에 대비한 대책들이 너무나 잘 돼있는 것이 장점이다. 내진 설계는 물론이거니와 지진을 대비해서 필요한 물품을 담아놓은 방재 키트나 보존 식품 등 일본의 지진에 대한 대책도 크게 발전하고 있다. 지진 때문에 일본 여행을 걱정하는 분들. 큰 천재지변이 오지 않는 이상, 일본은 안전할 것이다.

효고 2일차

'히메지'에서 자연과 역사를 느끼다

히메지는 효고 현에서 고베 다음으로 큰 도시로, 옛날부터 교통의 요충지였고 자연과 역사가 풍부한 곳이다. 일본 최초의 세계 문화유산인 히메지 성과 할리우드 영화 '라스트 사무라이'의 촬영지가 된 쇼샤산 엔교지가 있는, 해외에서도 제법 유명한 일본 도시 중 하나이기도 하다.

오사카에서 1시간 반이나 걸리는 곳. 머나먼 히메지를 들릴지 말지는 여러분의 선택이다. 단순히 아름다운 히메지 성을 보기 위해, 아니면 교통 패스로 본전을 뽑기 위해서라도 히메지를 여행 루트에 넣을 수 있고, 왕복 시간을 아껴서 다른 관광지를 보러 갈 수도 있다. 그렇지만 나는 자전거를 빌려서 히메지 이곳저곳을 돌면서 느꼈던 잠시나마 자유로운 감성을 다시 한 번 기억해내기 위해서라도, 히메지를 다시 한 번 방문할 것이다. 그만큼 히메지라는 도시는 나에게 자유를 선사해주었다.

여행 막바지 히메지의 첫 감상은, 굉장히 힘들었다는 생각밖에 나지 않는다. 장장 1시간 반이나 걸리는 노릇이니 새벽 일찍부터 기차를 타야 일정이 맞을 것 같았기 때문이다. 그래도 난바 역에서 오사카까지 간 다음 산요본선 쾌속 열차 창가 자리에 앉아 전날에 갔던 고베와 아와지시마를 구경하니 어느덧 히메지에 도착했다. 도착한 히메지는 그럭저럭 화창했고 너무 더웠다. 히메지 역에서 시내 쪽으로 나오자마자 히메지 성은 대로변 끝에 바로 보였다. 드디어 히메지 성을 눈앞에 두는구나 하고 실감했다. 그리고 히메지 성과 함께, 건축학도라면 무조건 보고 와야 할 2개의 건축물도 함께 방문했다.

일본 최초로 유네스코에 등재된 아름다운 백로,
히메지 성(姬路城)

위치
효고 현 히메지 시 혼마치 68(兵庫県姬路市本町68)

히메지 성까지는 히메지의 길거리를 한껏 느끼면서 걸어갈 수도, 히메지의 주요 관광지를 순환하는 루프 버스를 100 엔을 내고 타고 갈 수도 있다. 나는 새로운 도시에서의 새로운 시작이라는 의미로 그 도시를 느껴보고 싶어서 걷기 시작했지만, 한여름에 대로변을 걷는 것은 잘못된 선택이라는 것을 깨달았다. 그러나 이미 버스를 타고 가기엔 늦은 시점이라, 아름다운 하얀색 자태의 히메지 성을 바라보면서 걷고 또 걸었다.

무로마치 시대인 1333년 아카마츠 노리무라(赤松則村)가 지금의 히메지 성터에 돌을 쌓기 시작했고, 1346년에 그의 아들인 아카마츠 사다노리(赤松貞範)가 본격적으로 히메지 성을 짓기 시작했다. 그리고 전국시대를 맞이하고, 쿠로다 칸베(黒田官兵衛)나 도요토미 히데요시 등 역사에 이름을 남긴 인물들이 히메지 성을 이어받아, 여러 번 증축과 보수를 반복하면서 지금의 히메지 성의 모습을 갖추게 되었다. 일본에 있는 대부분의 성들은 잦은 전쟁이나 역사적인 이유로 인해 소실된 후 재건되는 경우가 많이 있었지만, 히메지 성만은 유일하게 당시의 옛 모습이 그대로 남아 있다. 그

이유는 철저하게 방어 체계를 갖추고, 매 시기마다 성을 끊임없이 개축하였기 때문일 것이다.

히메지 성은 하얀 백로와 같은 모습 때문에 하쿠로 성(白鷺城)이라고도 불리는데, 성이 하얀 이유는 나무로 만들어진 히메지 성벽이 불에 타지 않도록 백색의 회반죽을 발라두었기 때문이다. 외벽을 모두 칠해 나무 기둥이 보이지 않기 때문에, 외관을 신경쓰지 않고 벽 뒤로 나무 기둥을 촘촘하게 박아넣어 내구성도 좋은 편이다. 그 당시 성의 양식과 구조를 잘 보존하고 있는 점과 천수각의 우아한 모습 덕분에 1993년 현존하는 가장 오래된 목조 건물인 호류지(法隆寺)와 함께 일본 최초로 유네스코에 등재되었다. 한편 2010년부터 2015년 3월까지 천수각 해체 수리를 진행하였고 대망의 2015년 3월 27일, 리뉴얼 오픈했다. 안그래도 하얗던 건물이 보수를 거치니 너무 하얗게 되었다는 평이 많았지만, 4~5년 정도 비와 바람을 맞게 되면 히메지 성 본래의 흰색으로 서서히 색이 바랜다고 한다.

히메지 성은 외국인에게도 사랑받는 성이다. 공원의 나무들이 변하면서 매번 새로운 모습을 자아해내는 히메지 성. 개인적으로는 봄의 벚꽃과 하얀 벽의 히메지 성의 조화가 가장 아름답다. 히메지 성의 배경이 되기도 하는 일본 성의 역사에 대한 이야기는 후에 자세히 적어놨으니 참고하자. 그 내용을 읽고 나서 히메지 성 부분을 다시 읽고, 히메지 성을 바라보게 된다면 히메지 성이 얼마나 위대한지, 새로운 느낌으로 대할 수 있을 것이다.

문학의 비일상(非日常)으로 자연스레 넘어가는,
히메지 문학관(姬路文学館)

위치
효고 현 히메지 시 야마노이쵸 84(兵庫県姫路市山野井町84)
설계
안도 다다오
준공
1991년(북관) / 1996년(남관)

히메지 성과 공원을 찬찬히 둘러본 뒤에 성 앞 자전거 대여소에서 자전거를 빌렸다. 가만히 있을 때는 후덥지근을 넘어서 몸이 녹아내릴 정도의 더위였다면, 자전거를 타기 시작하니 상쾌한 바람이 땀으로 물든 몸을 스쳐 지나가기 시작했다. 다행히도 더위 탓인지 보도에는 관광객이 많지 않았고, 덕분에 나는 자전거 페달을 신나게 밟았다. 그렇게 나는 히메지의 무더운 더위를 자전거의 속도로 극복하면서 다음 건축물로 향했다.

다음으로 도착한 건축물은 오래된 일본 마을 안에 위치한 히메지 문학관. 히메지 문학관(姬路文学館)은 와츠지 테츠로나 아베 토모미, 시이나 린조 등 히메지의 하리마(播磨) 지역을 중심으로 활동한 문학가들의 작품과 유품을 전시한 공간으로, 히메지 시 지정 백 주년 기념 사업으로 안도 다다오가 설계한 박물관이다. 이 건물 또한 꾸밈없는 노출 콘크리트가 참 안도 다다오스럽다. 그리고 건물 외부를 인공 폭포와 경사로가 감싸면서 안도 다다오 건축만의 또 다른 특징, 콘크리트와 자연의 접점을 만들어내며 건축물을 더 신비롭게 만들고 있었다. 경사로를 오르다가 뒤를 바라보게 되면 다른 곳

보다 지대가 살짝 높아서 그런지 몰라도, 먼발치에 있는 히메지 성과 히메지 시의 경치를 바라볼 수 있다. 회색과 흰색의 대비가 참 사진에 잘 담긴다는 생각을 했다.

히메지 문학관은 문학과 대화하는 공간을 목표로 만들어졌다. 복잡하고 기하학적인 볼륨이 일상에서 보내지 못하는 독특한 공간을 자아내면서 문학의 세계에만 집중할 수 있도록 신비로운 분위기를 조성하는 것이다. 박물관의 메인 부분인 북관은 두 개의 입면체와 원기둥이 어우러져 만들어진 아트리움으로, 입구에 들어서면 하리마 지방의 역사와 문학에 대해서 시대순으로 설명하는 전시가 원기둥에 맞춰서 약 60m의 길이로 전시되고 있다. 그리고 각 작가들의 인물적 배경과 작품의 매력을 다양한 자료로 전시한 공간이 있다.

　1996년에 증축되었고 북관으로 사각형 볼륨이 뻗어있는 모양의 남관은 히메지와 연이 깊은 일본의 소설가인 시바 료타로(司馬遼太郎)의 기념실, 하리마 지방에 대한 영상을 상영하는 영상 전시실과 도서관 등이 있어 북관과 사뭇 다른 느낌의 공간을 구성하고 있다.

　히메지 문학관을 들리게 된다면 박물관 뒷편에 인접한 보케이테이(望景亭)도 공략해보자. 보케이테이는 1916년에 지어진 하마모토 하치지로(濱本八治郎)라는 기업가의 별장이었지만, 부지 절반 이상이 시에게 매각되면서 이 별장을 제외한 나머지 부분은 노후화로 철거되었다. 그리고 히메지 문학관이 들어서면서 보케이테이도 빛을 발하게 되었다. 20평이나 되는 일본식 방과 차실, 일본식 정원이 준비되어 있고, 현재는 일본의 등록 유형 문화재에 지정되어있다고 한다. 안도 다다오의 현대식 콘크리트 건물과 매우 대비되는 모습이니 시간을 내서 들려도 괜찮을 것 같다.

현대판 히메지 성이 된,
효고 현립 역사 박물관(兵庫県立歴史博物館)

위치
효고 현 히메지 시 혼마치 68번지(兵庫県姬路市本町68番地)
설계
단게 겐조
준공
1982년

효고 현립 역사 박물관은 히메지 성과 같은 공원 부지 내에 위치하고 있어, 히메지 문학관에서 가기에 좋은 곳이다. 만약 문학관이 아닌 히메지 성에서 바로 갈 사람이 있다면, 동쪽 출구로 나와 북쪽으로 하염없이 걸으면 된다. 문학관을 나와 자전거를 타고 나무들에 둘러싸여 있던 거리를 통과하니, 빨간색 벽돌 건물인 히메지 시립 미술관과 함께 나타나는 제 2의 히메지 성인 새하얀 효고 현립 역사 박물관을 비로소 만날 수 있었다.

효고 현립 역사 박물관(兵庫県立歴史博物館)은 본래 히메지 성곽 안 무사들이 살던 저택의 옛터에 위치하고 있다. 히메지의 역사에 관해서 주민들의 이해를 돕고 교육과 문화 발전에 기여하겠다는 목적으로 1983년 4월에 개관했고, 근대 건축가로 유명한 단게 겐조가 1980년에 문화 훈장을 받고 지은 첫 건물이다. '히메지 성이 현대의 성이라면 어떠한 모습일까?'하고 히메지 성의 아름다운 자태를 모티브로 삼고 설계해서 그런지, 외관은 하얀 화강암으로 히메지 성의 돌담처럼 장식하고 환기구는 성벽의 총안을 이미지하는 등 히메지 성의 요소를 이곳저곳에서 발견할 수 있었다.

박물관 안으로 직행하지 않고, 박물관 입구에서 길을 따라 왼쪽으로 걷다 보면 공원이 나온다. 그러면 오른편에 박물관의 유리 파사드를 만날 수 있을 것이다. 건물의 외관에서 가장 주목해야 하는 부분은 바로 건물 유리로 반사되는 히메지 성의 모습이다. 화강암이 붙여진 외벽과 유리 커튼월, 그리고 그 안에 비치는 히메지 성의 대비가 아름다워서 마치 액자에 담긴 풍경화 같은 모습을 상상하고 있었다.

입구로 들어서자마자 홀 부분에 커다란 보이드와 거대한 유리 커튼월, 히메지 성처럼 하얀 인테리어가 밝고 개방적인 공간을 만들어내고 있어서 저절로 감탄이 나왔다. 그리고 입구에서 바로 보이는 위치에 히메지 성을 1/15 비율로 축소한 모형이 전시되어 있어서, 멀리서 봐야했던 실제 히메지 성에 비해 가까이에서 건물의 세부 부분을 확인할 수 있었다. 1층은 무료 전시 공간으로 이루어져 있는데, 옛날 민가 풍의 건물을 재현한 코너나 히메지 성과 그 주변 마을의 모습을 가상 현실 체험 영상으로 배우는 코너, 여성 귀족의 정장 및 무사의 갑옷을 입어보는 체험 등이 있어서, 관광객들에게 친숙하게 효고와 히메지를 알리는 공간으로 구성되어 있다. 현재 2층 상설 전시로는 원시부터 근현대까지의 효고 현의 역사를 중심으로 전시하고 있고, 히메지 성을 비롯한 일본 전국의 성곽을 여러 방면으로 소개하고 있다. 특히 역사 박물관에서는 히메지 성의 구조에 대해서 자세히 알 수 있는데, 히메지 성을 몇백 년 동안 지지해왔던 기둥도 여기서 볼 수 있다. 그중에서도 가장 주목해야할 포인트는 건물 끝자락에 위치한 카페의 유리 커튼월 너머로 보이는, 히메지 성 천수의 아름다운 모습이다. 많은 관광객이 인생사진을 건지는 곳이라고 하니 참고하자.

건물의 파사드로도, 내부 인테리어로도 히메지 성의 우아함과 아름다움을 전파하려고 하는 효고 현립 역사 박물관. 이 박물관은 나에게 마치 일본의 과거를 대표하는 히메지 성과 현대의 모더니즘을 대표하는 건축가인 단게 겐조가 만들어낸 최고의 하모니와 같았다. 히메지 성을 방문하게 되면 효고 현립 역사 박물관에도 방문해서 두 개의 히메지 성을 즐겨보는 건 어떨까?

이렇게 나의 히메지 여행은 끝이 났다. 이동성이 좋은 자전거 덕분에 그렇게 빡빡하지도 않았고, 탐방한 건축물들이 하나하나 중요한 역할을 지녀서 찬찬히 견학했기에 그렇게 여유롭지도 않은 여행이었다. 히메지에서의 처음이자 마지막 꿀팁을 주자면 숙소로 돌아가기 전 히메지 역에 바로 붙어 있는 피오레(piole HIMEJI) 라는 상가 시설 4층에 위치한 스타벅스에서 조금 여유를 부리다가 가자. 창문 밖으로 보이는 히메지 성을 보면 자동적으로 히메지 여행을 되돌아 볼 수 있을 것이다.

지역의 랜드마크인 일본의 성들, 역사를 알고 보자!

지금까지의 여행 루트를 돌이켜보면 꼭 그 지역을 대표하는 성이 포함되어있다는 것을 알 수 있다. 오사카를 여행하면서 당연히 오사카 성을 봤고, 히메지는 솔직히 히메지 성을 위해서 방문한다고 말해도 과언이 아닌 정도니까. 어느 순간 성이라는 존재는 지금의 일본에게 중요한 랜드마크로서 자리매김하고 있다. 그렇지만 지금만큼은 단순한 지역의 심볼로서의 성이 아닌, 역사적인 건축물로서의 성에 대해서 알아보는 시간을 마련했다.

먼저 일본의 역사를 조금 파헤쳐 보자. 우리나라로 치면 조선시대 초·중기쯤, 무로마치 막부 시대였던 일본에서는 쇼군의 자리를 놓고 지방의 지배자인 슈고 다이묘들이 다투는 오닌의 난이 발생한다. 당시 쇼군이던 아시카가 요시마사(긴카쿠지를 만든 장본인)는 싸움을 멈추게 하려고 했지만 수포로 돌아가고, 1477년 오닌의 난이 조금 수그러듦과 동시에 쇼군의 권위는 바닥을 치게 된다. 사람들은 쇼군의 말을 더 이상 듣지 않았고, 오닌의 난 이후에 쇼군보다 힘이 센 세력이 저마다 주도권을 잡고 땅을 더 많이 차지하기 위해 목숨을 걸고 싸움을 벌였다. 이렇게 피터지게 싸우던 시기, 일본의 '전국시대(戰国時代)'가 시작된 것이다.(일본 전국시대에 관해서 더 알고 싶으면 전국시대 관련된 드라마나 애니메이션을 보자. 중국의 삼국지처럼 일본의 작품소재로 사용되는 경우가 많다.)

전국시대에 대부분의 성은 험한 산 위에 존재했다. 산 정상에 다른 방어를 위한 산성(山城)을 짓고 다이묘가 사는 별도의 건물 쿄칸(居館)을 지었다. 외부의 적으로부터 공격을 받을 때, 다이묘는 산 아래 쿄칸에서 산성으로 거처를 옮겨 거점으로 삼았다. 전국시대 중기가 되면서 성의 수가 비약적으로 많아지면서, 군사력 못지않게 정치와 경제력이 중요해지며 깊은 산속이 아닌 교통 요충지인 평지에도 성(평산성, 平山城)이 세워지기 시작했다. 그러자 방어에는 우수하지만 정치와 경제의 거점으로서의 역할로는 부족한 산성의 수는 줄어들고, 결국 평지에 지어진 성만이 남았다. 이 성은 일본인들의 정치와 경제의 중심이 되었고, 이 성을 중심으로 성 아래 마을이라는 뜻인 죠카마치(城下町)가 생겨났다. 서양 사람들로부터 전파되었던 총과 대포를 쏠 수 있는 총안구가 있는 탄탄한 성곽 주위에, 깊은 구덩이를 파고 물을 넣어 건축적으로 방어적인 요소를 보완하려고 했다.

일본의 성들은 처음에는 단순히 적의 침공을 막기 위한 방어적인 용도로 사용되었지만, 점점 다이묘의 힘을 보여주기 위한 장소로 변하면서 그 외관 또한 화려해졌다. 그중에서 대표적인 요소가 성의 상징인 천수(天守 또는 天守閣)이다. 천수는 다이묘가 살거나 원래 물건을 놓는 창고 등 여러가지 용도로 사용되었지만, 천수로 올라가 망을 보는 '망루'로서의 역할이 제일 컸다.(병법에 따르면 천수에는 10가지의 덕목이 있다고 한다.[1]) 천수는 모

---

1 ①성 안을 두루 볼 수 있다. / ②성 밖을 두루 볼 수 있다. / ③먼 곳을 두루 볼 수 있다. / ④성 안에 무사를 자유롭게 배치할 수 있다. / ⑤성 안에 대해 좀 더 신경을 쓰게 된다. / ⑥성을 방어할 때 자유롭게 명령을 하달할 수 있다. / ⑦적의 침입을 두루 살필 수 있다. / ⑧원거리 공격무기에 대해 방어가 용이하다. / ⑨비상시 전법을 생각한대로 펼 수 있다. / ⑩성의 상징이다.

든 사람들에게 성의 상징으로 보이게끔 다른 건물과 차별되게 지붕이 2층~5층까지 겹쳐져 있는 모양새이고, 중첩된 지붕면에는 합각 머리에 ㅅ모양의 장식인 치도리하후(千鳥破風)와 눕힌 활모양의 장식인 카라하후(唐破風)가 건물 외관을 형성하고 있다. 그리고 천수는 바깥을 전망하는 사령탑으로서의 역할이었기 때문에 일본의 성의 중핵 구역인 혼마루(本丸)에 높게 지어져 성 안의 최후 방어거점으로 견고하게 만들어졌다. 천수의 상징적인 의미가 독특한 외관과 역할을 가지게 만들었고, 일본 성곽건축에 매우 중요한 위치를 차지하고 있다.

전국시대에 만들어진 성은 전부 다 합해서 3,000개 정도라고 하는데, 실질적으로 재건한 건축물들을 빼면 천수가 현존하는 성은 12채[2] 밖에 없다. (히메지 성이 바로 이 12채 중 하나이다.) 에도 시대에 '한 다이묘 가문 당 한 개의 성만 소유해야 한다'는 일국일성령(一国一城令)으로 그 숫자가 170채까지 줄었고, 메이지 시대에는 성을 막부의 잔재로 여겨서 성을 없애자는 폐성령(廃城令)이 발령되면서 일본 육군의 주둔지로 이용하거나 성 자재를 다른 곳의 재료로 사용하면서 그 수가 더 줄게 되었다. 대부분의 성이 군용지였던 탓에 제2차 세계 대전에서 성은 미국의 공격 타겟이 되었고, 폭격으로 인해 많은 성이 전쟁 도중에 파괴되었다. 메이지 초기에 남아 있던 성들은 21채였지만 이마저도 대부분 무너져 현재 천수각이 남아있는 성이 12채가 된 것이다. 그러나 전쟁이 끝나고 그 문화적 가치나 관광 자원으로서의 가치가 재조명 받아, 성곽을 정비하고 새로 천수를 복원하는 등 과거의 성들

---

2 히로사키 성(弘前城) / 마츠모토 성(松本城) / 마루오카 성(丸岡城) / 이누야마 성(犬山城) / 히코네 성(彦根城) / 히메지 성(姫路城) / 마츠에 성(松江城) / 빗츄마츠야마 성(備中松山城) / 마루가메 성(丸亀城) / 마츠야마 성(松山城) / 우와지마 성(宇和島城) / 코치 성(高知城)

이 현대의 기술로 다시 되살아나고 있다.

이번에는 오사카 편에서 설명하지 못한 오사카 성에 대해서 알아보자. 오사카 성은 1583년 도요토미 히데요시가 일본을 통일시키기 위한 거점으로 만들었고, 그가 죽은 뒤 도쿠가와 이에야스(德川家康)에 의해 최종적으로 완성되게 된다. 화려한 천수의 극치였던 아즈치 성(安土城)[3]을 모티브로 만들어진 오사카 성은 몇번의 소실과 재건을 번복하게 되고, 결국 2차 세계대전에서 미국의 공습으로 인해 완전히 파괴되고 만다. 그러나 전쟁이 끝나고 콘크리트 건축물로 오사카 성이 다시 만들어지게 되었다. 현재는 오사카의 상징으로 자리매김하고 있으니 전통적인 기술은 아니지만 충분히 과거 오사카 성의 명성을 되찾은 것이다.

이런 화려한 일본 성의 외관을 보고 있자니 확실히 우리나라의 수원 화성과는 또 다른 느낌이 든다. 바로 옆나라이지만 왜 일본과 우리나라의 성은 이렇게나 다른 모습을 하고 있을까? 일단 먼저 역사적인 이유를 들 수 있다. 한반도에는 일본의 전국시대처럼 수많은 나라가 난립하는 혼란기가 없었고, 나라가 적은데다 나중에는 단일국가로 발전하게 되면서, 외세의 침략을 막기 위해 넓은 범위의 수비 형태가 필요해 자동적으로 굳건한 성곽 건축이 발전했다. 그리고 우리나라는 산이 발달한 지형이기 때문에 지리적인 특성을 이용해서 성곽이 발달한 것도 있다.(중국의 만리장성과 같은 느낌이지 않을까.) 일본의 역사를 알게 되면 일본의 성을 더 잘 이해할 수 있으니, 이 책으로 조금이나마 일본 역사에 기반을 둔 성 건축 이야기에 흥미가 생겼으면 좋겠다.

---

3 오다 노부나가가 지은 성으로, 이전까지의 성과는 다른 화려한 천수가 특징이었다고 한다. 현재는 폐허만이 남은 상태이다.

참고문헌

예술과 건축이 함께 부흥하는, 효고 현립 미술관

ikidane-nippon.com/ko/interest/hyogo-prefectural-museum-of-art

www.feel-kobe.jp/model-course/005

www.artm.pref.hyogo.jp/diary/museumroad/mikaeru.pdf

kiito.jp/schedule/news/article/6340

archirecords.com/blog-entry-4.html

hinata21.cocolog-nifty.com/blog/2009/09/post-acee.html

www.kobe-np.co.jp/news/bunka/201702/0009917962.shtml

dandyjihye.blog.me/140191351729

전 세계 사람이 모여 사는 키타노쵸에서 안도 다다오 상업 시설 찾기!

www.kobeijinkan.com/history

uratti.web.fc2.com/architecture/ando/wallstep.htm

tetsuwanco.exblog.jp/11820807

maikonohama.la.coocan.jp/topics08/kitano-andou/kitano-andou.html

architecture-database.com/architecture/hyogo/rirans_gate/rirans_gate.html

uratti.web.fc2.com/architecture/ando/wallstep.htm

protocooperation.tistory.com/312 < 사진 참고

고베 항의 랜드마크, 고베 포트 타워

www.kobe-port-tower.com/about/index.html

ikidane-nippon.com/ko/interest/kobe-port-tower

www.obayashi.co.jp/history/columns/back003

www.nikkenren.com/publication/ACe/ce/ace1107/bcs.html

www.kobe-port-tower.com

www.kobe-orientalhotel.co.jp/story

본고장에서 맛보는 와규의 끝판왕, '고베규'

livejapan.com/ko/article-a0001233

www.alic.go.jp/koho/kikaku03_000814.html

boomup.chosun.com/site/data/html_dir/2013/03/19/2013031901065.html

www.kobe-niku.jp/contents/about/legend.html

ja.wikipedia.org/wiki/%E6%97%A5%E6%9C%AC%E3%81%AE%E7%8D%A3
%E8%82%89%E9%A3%9F%E3%81%AE%E6%AD%B4%E5%8F%B2

<table>
<tr><td>참
고
문
헌</td><td>

자연 속에서 살아가는 사람을 담은, 4m × 4m의 집

www.hetgallery.com/4m-tarumi-ando.html

ja.wikipedia.org/wiki/4m%C3%974m%E3%81%AE%E5%AE%B6

matome.naver.jp/odai/2141153687735243201

광활한 콘크리트 정원과 바다의 아름다운 하모니, 아와지 유메부타이

ja.wikipedia.org/wiki/%E6%B7%A1%E8%B7%AF%E5%A4%A2%E8%88%9E
%E5%8F%B0

www.yumebutai.co.jp/ando/index_kr.html

ikidane-nippon.com/ko/interest/awaji-yumebutai

www.youtube.com/watch?v=qA_qqNBktwU

연꽃 수면 밑의 신비한 공간 '물의 절', 혼푸쿠지 미즈미도

ja.wikipedia.org/wiki/%E6%9C%AC%E7%A6%8F%E5%AF%BA_
(%E6%B7%A1%E8%B7%AF%E5%B8%82)

ameblo.jp/sbi39/entry-12343609779.html

like-awajishima.com/?p=99

섬나라 일본, 그리고 뗄래야 뗄 수 없는 지진

ko.wikipedia.org/wiki/%EB%8F%84%ED%98%B8%EC%BF%A0_%EC%A7%8
0%EB%B0%A9_%ED%83%9C%ED%8F%89%EC%96%91_%ED%95%B4%EC
%97%AD_%EC%A7%80%EC%A7%84

ja.wikipedia.org/wiki/%E5%9C%B0%E9%9C%87%E3%81%AE%E5%B9%B4
%E8%A1%A8_(%E6%97%A5%E6%9C%AC)

www.jice.or.jp/knowledge/japan/commentary12

www.youtube.com/watch?v=fdlaMkM-PYk

www.youtube.com/watch?v=o-75uwDH4Ew

topic.life-ranger.jp/column/718

blog.daum.net/ashj303/7601891

www.huffingtonpost.kr/2014/04/01/story_n_5066945.html

www.weather.go.kr/weather/earthquake_volcano/domestictrend.jsp

ja.wikipedia.org/wiki/%E9%98%AA%E7%A5%9E%E3%83%BB%E6%B7%A1
%E8%B7%AF%E5%A4%A7%E9%9C%87%E7%81%BD

hankookilbo.com/v/b9d79351857f4664a9c83ad568e6e9dd

</td></tr>
</table>

참고문헌

일본 최초로 유네스코에 등재된 아름다운 백로, 히메지 성

hanabinbin.com/archives/700.html

문학의 비일상으로 자연스레 넘어가는, 히메지 문학관

protocooperation.tistory.com/310

ararchitect.cocolog-nifty.com/blog/2012/06/post-7f89.html

www.city.himeji.lg.jp/s115/2938228.html

www.himejibungakukan.jp/gaiyou

www7b.biglobe.ne.jp/~chinke/boukeitei.html

blog.naver.com/PostView.nhn?blogId=banmitae&logNo=220246576627&categoryNo=0&parentCategoryNo=14&viewDate=&currentPage=3&postListTopCurrentPage=1&from=postView

현대 판 히메지 성이 된, 효고 현립 역사 박물관

uratti.web.fc2.com/architecture/tange/hyogorekisimu.htm

www.hyogo-c.ed.jp/~rekihaku-bo/official/about.html

overseas-architects.hateblo.jp/entry/hyougo-histrymuse

hyogo-arts.or.jp/hpntt/arts/ken/ken26.html

지역의 랜드마크인 일본의 성들, 역사를 알고 보자!

terms.naver.com/entry.nhn?docId=3613222&cid=47307&categoryId=47307

hanabinbin.com/archives/700.html

madangsr.tistory.com/12

tate-school.com/archives/452

news.mk.co.kr/newsRead.php?year=2015&no=307693

ja.wikipedia.org/wiki/%E5%A4%A9%E5%AE%88#%E6%A6%82%E7%95%A5

ko.m.wikipedia.org/wiki/%EC%B2%9C%EC%88%98%EA%B0%81

heiwa-ga-ichiban.jp/oshiro/rekishi.html

www.osakacastle.net/hangle/history/index.html

blogs.chosun.com/pichy91/2011/05/01/%EC%9D%BC%EB%B3%B8-%EC%84%B1%EA%B3%BC-%ED%95%9C%EA%B5%AD-%EC%82%B0%EC%84%B1%EC%9D%98-%EC%B0%A8%EC%9D%B4%EB%8A%94-%EA%B0%80%EB%82%98%EC%9E%90%EC%99%80-%EC%84%B1%EC%9D%84-%EB%B3%B4%EB%A9%B4%EC%84%9C

-4-

나라
なら

전통과 역사의 도시, 나라. 그렇지만 나에게는 나라에 대한 특별한 기억이 있다. 그렇게 대단한 사실은 아니지만, 2012년에 첫 건축 여행을 했을 당시의 궁극적인 목표는 '나라에 사는 친구를 만나러 오는 것'이었다. 힘든 유학 준비를 같이 한 소중한 친구. 친구를 만나기 위한 일정을 짜면서 어느 순간 여행에 건축이란 요소가 들어가게 되었고, 2012년 나의 첫 건축여행이 탄생하였다. 지금 그 친구는 나라에 살지 않지만, 관광객이던 나에게 '나라'라는 곳을 관광 안내소보다 더 자세히, 그리고 성심껏 알려주었다. 나라를 생각하면 그 친구가 먼저 떠오르고, 그 친구를 생각하면 '친절하고 상냥한'이라는 수식어가 먼저 떠오른다. 그렇기 때문에 나에게 나라라는 도시는 친절하고 상냥한 마을이라는 느낌이고, 언제든지 그 친구가 웃으면서 다시 안내해줄 것만 같은 그런 도시이다.

1998년 유네스코 세계유산으로 등록된 나라 현에 있는 고대 유적들. 이번 여행에는 현대 건축물보다는 전통 건축물이 중점이 될 것만 같다. 어떤 전통 건축물이 나를 반기고 있을까? 나라 현의 역사를 귀 기울여 자세히 들어보자.

난바 역에서 긴테츠로도 JR로도 1시간 거리인 나라. 나라 또한 오사카에서의 동행과 같이 가기로 했다. 동행은 사슴을 보고 싶어하고, 나는 건축물 답사를 온 것이지만 결국 둘 다 목적지가 나라였으니까. 난바 역에서 아침 9시에 만난 뒤, JR을 이용할까 긴테츠 선을 이용할까 고민을 하다가 결국 선택한 건 그 시간대에 조금 더 빠른 기차였던 긴테츠 선이었다. 무사히 전철을 탄 후, 나라 방문의 목적은 달라도 관광객의 필수 질문인 무엇을 먹을까, 어떤 볼거리가 있나 등을 고민하다보니 금세 나라에 도착했다. 날도 주말이었던지라 긴테츠 나라 역은 관광객으로 꽉꽉 차있었다. 생각보다 심각하게 길치였던 둘은 사람들이 걷는 쪽으로 무작정 걸어가기 시작했다. 관광하러 가는 길목에는 나라의 마스코트인 사슴들에게 먹이를 주고 쫓기고 하는 사람들이 있었고, 우리도 조금 뒤에 하자고 마음먹은 뒤 마침내 나라 현에 있는 첫 전통 건축물과 마주하게 되었다.

나라 전통 건축의 입구,
고후쿠지(興福寺)

위치
나라 현 나라 시 노보리오지쵸 48번지(奈良県奈良市登大路町48番地)

　　동행과 나는 나라에서 만나는 첫 유네스코 세계문화유산, 고후쿠지 안으로 들어갔다. 본래 고후쿠지는 지금의 나라 역 앞에서 시작하는 큰 길부터 나라 공원, 가스가 대사에 이르는 광활한 부지를 지녔고, 현재 또한 절의 담장 대신에 나라 공원이 붙어있어 절과 일반 도로의 경계가 모호하다. 그렇지만 눈 앞의 고후쿠지를 놓은 순간 본격적으로 나라의 건축물을 보기 시작했다는 느낌을 강하게 받을 수 있었다. 고후쿠지 절의 기원은 669년 후지와라노 가마타리(藤原鎌足)라는 인물이 위중한 병을 앓을 때 부인인 가가미노 오오키미(鏡女王)가 남편의 쾌유를 기원하며 현재 교토 부에 있던 저택 터에 야마시나데라(山階寺)를 세운 것이다. 몇 년 후 나라로 도읍을 옮기는 헤이조 천도(平城遷都)[1] 때문에 나라 현의 우마야사카(厩坂)로 옮겨지면서 우마야사카데라(厩坂寺)라고 불려지기도 했지만, 가마타리의 아들인 후히토(不比等)가 현재 장소로 다시 절을 옮기면서 이 절은 최종적으로

---

1 710년에 수도를 후지와라쿄(藤原京)에서 지금의 나라인 헤이조쿄(平城京)로 옮긴 사건, 이 때부터 일본의 나라 시대(奈良時代, 710년 ~ 794년)라고 한다.

고후쿠지라고 명명됐다. 일본의 명문 씨족 중 하나인 '후지와라(藤原)'와의 깊은 관계로 후지와라가 권력을 잡은 동안은 고후쿠지도 남도7대사[2] 안에 들 정도로 번창하였다. 목조인 탓인지 현재의 고후쿠지는 여러 번의 내전과 화재로 파괴되었다가 재건된 것으로, 아직까지도 3개의 금당 중 두 개(현재 중금당의 재건을 진행하고 있다.)와 남대문, 그리고 중문은 오늘날에도 아직 재건되지 못했다. 이러한 고후쿠지에서 가장 눈에 띄는 것이 5층탑일 것이다. 이 5층탑은 일본에서 두 번째로 큰 목조탑으로, 과거 고층 빌딩이 없을 당시를 생각하면 나라 전역에서 보일 정도로 높았다고 한다.

고후쿠지에게는 이러한 건축적인 이유 말고도 유명한 작품이 하나 더 있다. 지나가는 일본인들에게 물어보면 다같이 이구동성으로 아수라상(阿修羅像)에 대해서 이야기를 할 것이다. 하나의 몸에 3개의 얼굴과 6개의 팔

2 남도7대사(南都七大寺)란, 나라 시에 위치한 역사적으로 강력하고 영향력 있던 7개의 불교 사원으로, 다이안지(大安寺) / 간고지(元興寺) / 호류지(法隆寺) / 고후쿠지(興福寺) / 사이다이지(西大寺) / 도다이지(東大寺) / 야쿠시지(藥師寺)가 있다.

일본에서 두 번째로 거대한 목조 오층탑

을 가진 독특한 형태의 아수라상은 장난기를 가득 담은 어린 아이의 형태를 하고 있다. 이 상은 734년 후히토의 부인이 죽은 지 1년이 되던 해, 그녀의 명복을 빌기 위해 제작되었다. 몇 번의 화재에 소실될 위기에 직면하기도 했지만, 불상이 몇 구 분실된 것 이외에는 무사히 보존되고 있다. 아수라상은 특별 공개가 있을 경우에만 확인할 수 있다.

건축과 보물들까지, 나라의 첫 건축물임에도 불구하고 많은 정보를 접한 느낌이 강했다. 2018년 1월 1일부터 고후쿠지 국보관까지 새로 리뉴얼해서 오픈했다고 하니, 나라 전통 건축을 보는 데 첫 단추가 제대로 끼워지는 느낌이다. 기분좋게 역사와 만난 나와 동행은 고후쿠지 옆길에서 일본식 풀빵과 사슴들에게 줄 센베이를 산 뒤 본격적으로 사슴(그리고 건축물)을 만나기 위해 고후쿠지를 떠났다.

세계에서 가장 큰 목조 건축물,
도다이지(東大寺)

위치
나라 현 나라 시 조시쵸 406-1(奈良県奈良市雑司町406-1)

고후쿠지에서의 관광을 끝내고, 사람들을 따라 걸어가니 사슴의 수가 확실히 많아진 것을 깨달았다. 가이드 역할을 하는 나는, '이제 우리는 세상에서 가장 큰 목조 건물인 도다이지로 갈거야!'라며 도다이지에 간다는 생각에 가슴이 설렜다. 학부 1학년 때부터 전통 건축물로써의 가치를 몇 번이고 들어왔던 도다이지. 귀여운 사슴들의 보호를 받으면서 동행과 같이 그토록 보고 싶어하던 도다이지에 진입했다.

도다이지(東大寺)의 역사는 728년 쇼무(聖武) 일왕이 어린 나이에 죽은 왕자를 기리기 위해 기쇼센지(金鐘山寺)를 지은 시기로 거슬러 올라간다. 당시 일본은 거듭되는 재해와 전염병으로 고통받았고, 쇼무 일왕은 이 끔찍한 재난을 불심으로 극복하고자 각 지역을 대표하는 사찰인 고쿠분지(国分寺)의 건설을 장려했다. 기쇼센지는 야마토 국의 고쿠분지로 지정됨과 동시에 전국 모든 고쿠분지의 수장이 되었다. 그리고 747년 불상이 제작되면서부터 도다이지라는 이름이 사용되기 시작하였다.

도다이지의 건축과 보물들을 모두 알기 위해서는 꼬박 하루를 봐야할 만

큼, 도다이지는 나라와 일본 역사에
서 굉장히 중요한 부분을 차지한다.
그렇지만 우리는 많은 건축물을 봐
야하는 바쁜 여행객인 만큼, 도다이
지의 핵심 요소인 대불전만 알아보
자. 도다이지 안에 있는 대불전은

높이가 47.5m나 되는 세계에서 가장 큰 목조 건물이고, 그 안에 있는 비로자
나불(毘盧遮那佛)은 앉은 키 16m에 얼굴 길이가 5m, 손바닥 하나에 16명
의 사람이 올라갈 수 있을 정도로 세계에서 가장 큰 불상이다.(속칭 나라 대
불(大佛)이라고 한다.) 도다이지의 입구인 남대문과 대불전은 일본에서도
굉장히 드물게 송나라 남부 건축 양식을 도입한 대불 양식(大仏様)로 만들
어졌다. 그래서 그런지 다른 곳의 절과는 사뭇 다른 느낌이 든다. 목조건물

이다 보니 화재에 취약해 실제로 2번이나 재건하고 현재의 모습은 1709년에 완성된 것이지만, 재건을 할 때마다 사이즈가 작아지는 모양이다. 실제로는 현재 건물의 정면보다 3배나 컸다고 하니, 더 큰

세계에서 가장 큰 대불

규모의 목조 건축물을 볼 수 있었을 것이라는 아쉬움이 남았다. 또다른 대불전의 명물로는 구멍이 뚫린 기둥이 있는데, 이 구멍을 통과하면 1년치 액땜을 한다는 소문이 있다. 덩치가 있는 나는 빨리 포기하기로 마음을 먹었다.

도다이지에서는 다른 일본 신사들이나 절과 같이 '오마모리(お守)'라는 부적을 팔고 있다. 첫 여행 때 기념품 샵에서 아르바이트를 했던 친구에게 이야기를 들은 바로는, 도다이지는 엔무스비(縁結び, 인연을 맺어주는 의미)계열의 부적이 가장 잘 팔린다고 한다. 그 이야기를 들은 나는 바로 그 자리에서 엔무스비 부적을 샀고, 그 뒤 두 번째 여행에는 좋은 동행과 함께 도다이지에 재방문할 수 있었다. '세 번째 또한 좋은 사람과 같이 올 수 있길'하고 빌면서 세계 최고의 목조 건축물을 뒤로 한 채 다음 만남을 기대하며 걷기 시작했다.

자연과 등롱의 조화가 아름다운,
가스가 다이샤(春日大社)

위치
나라 현 나라 시 카스가노쿄 160(奈良県奈良市春日野町160)

　'이제 마지막은 가스가 다이샤라는 곳이래'. 관광책 하나 없이 관광 안내소에 가서 안내를 받는대로 움직이는 나와 달리 철저한 동행 덕분에, 도다이지 관광을 끝낸 뒤 우리는 다음 목적지를 가스가 다이샤로 정했다. 산길을 걷고 또 걸으니 결국에는 기진맥진이 돼서 어딘가에 걸터앉고 싶은 상황까지 이르렀다. 그 때 마침 가스가 다이샤로 향하는 나라 시내 버스를 발견해, 비록 두 정거장뿐이었지만 남은 길은 100 엔이라는 저렴한 가격에 편하게 버스를 타고 이동했다.

　이러한 여정을 통해 도착한 가스가 다이샤! 약 1300년 전 헤이조 천도에 의해 나라가 수도가 되면서 일본의 국가 번영과 국민 행복을 기원하며, 이바라키 현에 있는 가시마 신궁(鹿島神宮)에 있던 일본 신 중 하나인 '다케미카즈치노 미코토(武甕槌命)'를 나라 현 미카사 산(三笠山)으로 모셔왔다. 그리고 768년 이후에 가토리 신궁(香取神宮)의 '후츠누시노 미코토(布都努志命)', 히라오카 신사(枚岡神社)의 '아메노코야네노미코토(天児屋根命), 히메가미(比売神)' 등 일본 내의 존엄한 신들을 맞이해 참배를 드리기

시작한 것이 가스가 신사의 시작으로 알려져 있다. 사람의 눈길을 끄는 주황색 기둥과 백색 벽이 천 년 이상의 시간을 뛰어넘어 숲속에서도 강렬한 빛을 발한다. 이는 20년 마다 한 번씩 신사의 일부나 전체를 개축하는 '시키넨조타이(式年造替)'라는 제도에 의해 신사의 집물을 새롭게 조달하고 있기 때문이다. 항상 새롭고 깨끗한 신사의 모습으로 신을 맞이하려는 일본인들의 진실된 신앙심을 볼 수 있는 부분이다.

가스가 다이샤를 제대로 보려면 일본사나 일본 내의 건축 역사를 알아야 하겠지만, 역사를 잘 모르는 우리가 가스가 다이샤에 갔을 때 가장 볼만한 관광 스팟은 바로 등롱(燈籠)이다. 사람들이 가스가 다이샤에서 헤이안 시대부터 가내 평안이나 상업 번성 등 다양한 소망을 등롱 안에 담아왔고, 어느 순간 3,000개 정도의 가장 많은 등롱을 보유한 신사가 되었다. 입구부터 돌로 만들어진 석등롱이 방문객을 환영하고 있고, 신사 곳곳에서 철등롱을 만날 수 있다. 만약 2월에 가게 된다면, 신사 내 모든 등롱을 켜 신사를 정화시키며 여러 소원을 비는 행사인 절분만등롱(節分万燈籠)을 꼭 보도록 하자. 신사 내의 모든 등불을 켜게 되니, 굉장히 신비롭고 엄숙한 분위기를 자아내게 된다. 나는 조그마한 공간에서 빛나는 것만 보았지만 그 신비로움에 반했으니, 신사 전체가 이런 등불로 빛나게 되면, 분명 더욱 신비로울 테니까.

심플하지만 멋진 기둥을 가진,
긴테츠 나라 역 빌딩(近鉄奈良駅ビル)

위치
나라 현 나라 시 히가시무키나카마치 28(奈良県奈良市東向中町28)
설계
사카쿠라 준조
준공
1970년

긴테츠 나라 역 빌딩은 르 코르뷔지에의 일본인 제자들 중 한 명인 사카쿠라 준조가 지은 건축물이다. 맨 처음에는 이게 유명한 건축물인가 싶을 정도로 평범한 사각형의 외관을 가지고 있지만, 통로를 지날 때 기둥과 천장이 맞닿아있는 부분이 '+'모양으로 뻗어나가고 있는 것을 보면, 굳세어 보이지만 섬세한 디테일에서 이 건물이 왜 유명한지를 자동적으로 알게 된다. 그러나 사실은 최근 리뉴얼 공사로 사카쿠라가 설계한 부분이 거의 남아있지 않다는 소식을 듣고는, 역사적인 건물이 또 하나 사라지는구나 하고 실망하기도 했다.

건물에서 코후쿠지로 가는 방향 쪽 출구로 나가면 오른편에 상점가와 기념품 가게가 즐비해 있다. 과거의 나는 친구와 이곳에서 노래방을 가거나 술을 마셨고, 2018년의 나는 동행과 점심 식사를 해결했다. 만약 식사할 곳이나 쇼핑할 곳을 찾는다면 이 상점가에서 해결하는 것을 추천한다.

나라를 대표하는 문화의 배,
나라 100년 회관(なら100年会館)

위치
나라 현 나라 시 산죠미야에죠 7-1(奈良県奈良市三条宮前町 7-1)
설계
이소자키 아라타

준공
1999년

　건축에 전혀 관심 없는 동행에게 양해를 구해서라도 꼭 보고 싶던 건축물이었다. 일정을 끝내고 오사카로 돌아가기 위해서는 긴테츠 나라 역을 통해서 가는 것이 우리에게 훨씬 이득이었지만, 안타깝게도 나라 100년 회관은 긴테츠 나라 역에서 약 5분 정도 떨어진 JR 나라 역 뒷편에 위치했다. 동행과 함께 나라에서의 마지막 건물이라며 즐거운 여행이었다고 신나하면서 나라 100년 회관에 방문하게 되었다.

　나라 100년 회관은 '나라의 문화를 기르고, 세계에 전파하는 문화의 배'라는 컨셉으로, 배라는 단어 그대로 길쭉한 방주처럼 생긴 독특한 외관을 가지고 있다. 나라시 시제시행 100주년 기념사업의 일환으로 1999년 2월 1일에 개관했다. 건축가는 앞에서도 등장한 교토 콘서트홀을 지은 이소자키 아라타. 소형 홀, 중형 홀, 대형 홀로 구성된 나라 100년 회관은 대형 홀만으로도 1,692명의 인원을 수용할 수 있어 나라 현에서 가장 큰 홀 공간으로 꼽힌다. 중형 홀에서는 주로 클래식을 중심으로 한 연주회를, 소형 홀에서는 연극과 전시회를 주로 올린다. 건물을 주의 깊게 살펴보고 돌아본 결과, 엘리베이터

가 대형 홀로 직접적으로 연결되지 않는다거나, 지상 주차장에서 입구까지 건물을 거의 한 바퀴를 돌아야 한다는 점에서 '고령자나 장애인에게 배려가 없다'라는 생각이 들어 살짝의 아쉬움이 남는 건축물이었다.

도대체 왜 나라에는 사슴이 많을까?

나라에서 사슴을 빼놓을 수는 없다. 그리고 대부분의 관광객은 나라 관광 코스에서 유명한 역사적 장소를 방문하는 것만큼이나 귀여운 사슴들을 만나는 것도 기대하게 된다. 그리고 실제로 나라 현에 방문하게 되면 사슴들이 아무렇지 않게 길거리를 걸어다니는 것을 보면서 당황해하기도 한다. 물론 나라 현 자체에서도 사슴을 내세운 캐릭터를 사용해 관광 마케팅을 하고 있으니, 나라가 사슴인지 사슴이 나라인지 알 수 없는 지경까지 이른다. 도대체 왜 사슴들은 왜 나라 현을 상징하는 동물이 되어 버렸을까?

일단 사슴의 기본적인 정보부터 설명하면, 나라 현의 사슴은 나라 현 나라 시에 있는 나라 공원과 그 주위에서 서식한다. 나라 현에 도착을 하고 나서

마주치는 모든 팻말에서 알 수 있듯, 나라의 사슴은 주인이 없는 야생 동물이다. 길들여져 있지 않기 때문에 사람을 향해 돌진하거나 물거나 하는 경우도 실제로 있다고 하니 주의하자. 보통 수컷은 60~100kg, 암컷은 40~60kg라고 하니 거의 사슴 하나가 사람 하나와 비슷하다. 사슴에게 치이면 뼈 하나 부서지는 건 우스울 정도일 것이다. 사슴 모양 기념품부터 길거리에 사슴을 위한 간식들을 파는 사람까지… 사슴 하나로 지역 경제가 확 살아난 것 같은 느낌도 받을 수 있었다.

어떠한 배경으로 사슴들이 나라 현에 살게 되었을까? 역사를 통해서 알아가보자. 나라가 도읍이었던 나라 시대 당시에도 사슴은 존재했지만, 사람들에게는 그냥 사슴이었을 뿐이었다. 그러나 위에서도 언급했듯 카스가 대사가 지어지며 가시마 신궁에서 신을 모시고 올 때 하얀 사슴의 등에 모시고 옮겨왔다고 한다. 이러한 이유로 이 때부터 나라 현 내의 사슴이 신성화되면서 보호되게 된 것이다. 그리고 1957년에는 천연기념물로 지정되어 현에서 더욱더 극진하게 대접하고 있으니, 신성화된 사슴을 아직까지도 잘 보호하고 있다는 것을 보여주는 나라 현만의 문화이지 않을까 싶다.

나라 현의 또 다른 자랑은 바로 사슴을 이용한 귀여운 캐릭터 상품인 시카마로 군(しかまろくん)이다. 일본에서는 지역 활성화를 위해 각 지역마다 '유루캬라(ゆるキャラ)[1]'라는 캐릭터 산업이 활발한데, 넓게는 현, 좁게는 시만의 특성을 캐릭터에 반영해서 특산품이나 이벤트를 홍보하는 것이다. (여러분이 잘 아는 일본 캐릭터 쿠마몬도 사실 쿠마모토 현의 유루캬라이다.) 귀여운 사슴으로 유명하니 나라 시의 유루캬라는 역시나 귀여운 시카마로 군이다. 시카마로 군에 대해 간단히 설명을 하자면 4월 6일생의 시종일관 태평한 남자아이로, 가장 좋아하는 장소는 나라공원, 좋아하는 것은 사

---

1 느긋함을 의미하는 '유루이(ゆるい)'와 캐릭터(キャラクター)의 합성어.

슴 센베이라고 한다. 참 직관적인 디테일이다. 2013년 5월부터 나라를 대표하는 캐릭터로 자리매김해서, 길거리에서 나라에 관련된 모든 디자인에 항상 웃고 있는 시카마로 군을 찾아볼 수 있을 것이다.

혹시 나라에서 시카마로 군 이외의 다른 캐릭터를 본 적이 있는가? 구체적으로 아이 모습을 하고 사슴뿔을 한 캐릭터 말이다. 만약에 보았다면 제일 먼저 어떤 생각을 했는가? 그럼 이제 정답을 말해보도록 하자. 정답은 아마 두 가지 일것이다. 귀엽다, 그리고 기분 나쁘다. 이 캐릭터의 정체는 '센토 군(せんとくん)'으로 나라 '현'의 대표 캐릭터다. 2010년 헤이조 천도 1300년 기념사업의 공식 마스코트였지만 2011년부로 현 자체의 유루캬라가 되었다. 첫 공개부터 일본 사람들에게 '기분 나쁘다'라는 인상을 주었는데, 어느 순간부터인가 기분 나쁘게 생겼지만 귀엽다라는 뜻의 키모카와이이(きもかわいい)의 공식 캐릭터가 되었다. 이렇게 참 이상한 방향으로 캐릭터의 정체성을 구축했지만, 지금은 시카마로 군에게 모든 캐릭터 산업을 뺏기는 시점까지 온 듯하다. 첫 여행 당시에는 시카마로 군 대신 센토 군이 이곳

시카마로 군

센토 군

저곳에 있어서 나라 현이 캐릭터 산업을 참 못하네 싶었는데, 이번 여행에서는 없어서 아쉬운 존재가 되어버렸다.

　나라에 방문해서 사슴들에게 먹이를 건네줄 때 사슴이 보이는 재밌는 행동이 있으니, 간식을 줄 사람은 이번 단락을 유심히 봐보자. 이번에 동행과 관광을 하면서 겪은 일이다. 간식을 사서 사슴에게 건네주려고 하니 사슴이 고맙다고 하는 것 마냥 꾸벅꾸벅 인사하는 것이었다. 우리는 그런 사슴이 귀여워서 몇 번이고 간식을 줬다 뺏었다를 반복했는데, 화가 난 사슴이 나를 향해서 돌진했다. 사람이나 동물이나 먹을 것 가지고 장난치면 안된다는 소중한 교훈을 얻었다. 건축물이 아니더라도 사슴을 구경하러 나라에 가는 경우라면, 꼭 사슴과 간식으로 밀당을 해보자. 그 귀여움에 당신은 사슴을 보기 위해서라도 나라에 다시 방문하고 싶어질 것이다.

현대 건축의 아버지 르 코르뷔지에, 그리고 그와 일본

2016년 말부터 2017년 초까지 한국 예술의 전당에서 르 코르뷔지에에 대해서 전시를 한 것을 기억하고 있는 사람이 있을까? 나 또한 시간을 쪼개서 집에서 2시간 정도 걸리는 예술의 전당까지 먼 길을 찾아간 기억이 있다. 건축학도라면 누구나 르 코르뷔지에의 건축물을 보며 감동한 적이 있을 것이다. 그리고 르 코르뷔지에가 건축 역사에 한 획을 그은 사실 또한 부정하지 못할 것이다. 현역으로 활동할 당시에도 인기가 넘쳐 흐르던 그는 아뜰리에를 통해 건축계의 대단한 제자들을 수없이 배출했다. 한국에는 르 코르뷔지에의 유일한 한국인 제자, 한국의 현대 건축을 대표하는 사람 중 한 명인 김중업이 있듯이, 이번 글에서는 긴테츠 나라 역 빌딩의 설계를 담당한 사카쿠라 준조 등 르 코르뷔지에의 일본인 제자들과, 르 코르뷔지에가 일본 건축에 끼친 영향에 대해서 알아보고자 한다.

먼저 르 코르뷔지에의 일본인 제자들부터 알아보자. 1928년 4월에 아뜰리에에 들어간 마에카와 구니오(前川國男)를 비롯해 1950년대 말까지 르 코르뷔지에의 일본인 제자는 7명으로 알려져 있다. 그 중 마에카와 구니오, 사카쿠라 준조(坂倉準三), 요시자카 타카마사(吉阪隆正)가 일본 근현대 건축사에 미친 업적이 크게 평가된다. 이들은 각각 2년에서 5년 정도씩 르 코르뷔지에의 아뜰리에에서 근무했으며, 그 중 마에카와 구니오는 CIAM[1]

---

1 근대 건축 국제 회의 Congrès Internationaux d'Architecture Moderne의 약자. 르 코르뷔지에를 포함한 8개국 25명의 건축가가 모여서 현대 건축의 문제를 명백하게 표명하고 근대 건축 사상을 제시했다.

가 설립된 시절에 프랑스에 있었기 때문에 회의에 참가한 건축가와 국제적인 네트워크를 형성해 일본 안으로 세계적인 건축을 유입할 수 있었다. 그리고 사카쿠라 준조는 르 코르뷔지에의 무한 성장 미술관 개념에 큰 영향을 받아 그의 작품인 카나가와 현립 근대 미술관에 이를 반영했다. 또한 유니테 다비다시옹(Unité d'Habitation)²이 건설될 때에 아뜰리에에서 근무한 요시자카 타카마사는 르 코르뷔지에의 측정 체계인 '모듈러(modulor)'를 번역해 일본에 소개하기도 했다.

이 3명의 제자와 르 코르뷔지에가 힘을 합쳐 만든 일본 국내 건축물이 바로 도쿄 우에노에 있는 국립 서양 미술관(国立西洋美術館)³이다. 미술관 설계자를 선정할 당시에 마에카와 구니오의 강력한 부탁이 없었으면 르 코르뷔지에가 설계를 담당하지 않았을 것이다. 르 코르뷔지에가 설계를 담당하면서 9장의 기본설계도를 제공하고, 마에카와, 사카쿠라, 요시자카 등 세 제자가 일본인 협력자로 합류해 실시 설계 및 감리를 맡았다. 이 미술관은 일본에서, 더 넓게는 동아시아에서 유일하게 건설된 르 코르뷔지에의 작품이라고 하니, 일본인 제자들 덕분에 유럽이나 인도까지 가지 않고도 충분히 가까운 거리에서 르 코르뷔지에의 작품을 즐길 수 있는 것이다.

르 코르뷔지에는 현대처럼 교통이나 미디어가 발달하지 않은 시대에도 세계 각지에 팬층을 만들어냈고, 특히 일본에만 3명의 제자가 있었기 때문에 일본 현대 건축에서의 그의 영향은 어마어마하다. 그 유명한 안도 다다오도 르 코르뷔지에의 자취를 따라서 여행을 떠나기도 했고, 또 다른 일본 프리츠커상 수상자 이토 도요오도 르 코르뷔지에의 '돔-이노 이론'에 영향

---

2 르 코르뷔지에가 설계한 대형 주거 건물로, 현대 아파트의 시초라고 불린다.
3 이 미술관 또한 무한 성장 미술관 개념이 사용되었다. 무한 성장 미술관이란 수장품 증가에 맞춰 새로 전시실 증축이 가능하도록 설계된, 한계 없이 계속 성장하는 미술관이라는 개념이다.

을 받아 '돔-이노 주택 프로젝트'나 '센다이 미디어 테크(せんだいメディアテーク)'에 반영하기도 했다. 아직까지도 많은 건축가들이 르 코르뷔지에를 참고로 하고 있는 것을 보니, 정말 건축은 문화가 된다는 말에 공감하게 될 것 같다.

참고문헌

나라 전통 건축의 입구, 고후쿠지
ja.wikipedia.org/wiki/%E8%88%88%E7%A6%8F%E5%AF%BA
ko.wikipedia.org/wiki/%EA%B3%A0%ED%9B%84%EC%BF%A0%EC%A7%80
www.kohfukuji.com/korean.html
www.japanhoppers.com/ko/kansai/nara/kanko/912
ko.wikipedia.org/wiki/%EB%82%A8%EB%8F%84_7%EB%8C%80%EC%82%AC
www.buddhismjournal.com/news/articleView.html?idxno=6732

세계에서 가장 큰 목조 건축물, 도다이지
ko.wikipedia.org/wiki/%EB%8F%84%EB%8B%A4%EC%9D%B4%EC%A7%80
ja.wikipedia.org/wiki/%E6%9D%B1%E5%A4%A7%E5%AF%BA
kr.enjoy-jp.net/kansai/sightseeing/toudaiji
www.todaiji.or.jp/contents/guidance/guidance8.html
namu.wiki/w/%EB%8F%84%EB%8B%A4%EC%9D%B4%EC%A7%80

자연과 등롱의 조화가 아름다운, 가스가 타이샤
ja.wikipedia.org/wiki/%E6%98%A5%E6%97%A5%E5%A4%A7%E7%A4%BE
www.kasugataisha.or.jp/about/index_ko.html
www.japanhoppers.com/ko/kansai/nara/kanko/1792

심플하지만 멋진 기둥을 가진, 긴테츠 나라 역 빌딩
www.arcstyle.com/nara/249_kintetsunara.html
archirecords.com/blog-entry-123.html

나라를 대표하는 문화의 배, 나라 100년 회관
ja.wikipedia.org/wiki/%E3%81%AA%E3%82%89100%E5%B9%B4%E4%B-C%9A%E9%A4%A8

도대체 왜 나라에는 사슴이 많을까?
ja.wikipedia.org/wiki/%E5%A5%88%E8%89%AF%E3%81%AE%E9%B9%BF
info.hanatour.com/getabout/content/?authorID=1000049375101&ctag=&contentID=1000066908101
www.nps.ed.jp/nara-c/it/multi/kyouzai/sika_to_tomoni_ikiru/tennen/sikanenpyou/sikanenpyou2.html

참고문헌	www.nhk.or.jp/nara/narashika/deer_qa.html
	terms.naver.com/entry.nhn?docId=3579362&cid=58784&categoryId=58787
	ja.wikipedia.org/wiki/%E3%81%9B%E3%82%93%E3%81%A8%E3%81%8F%E3%82%93
	narashikanko.or.jp/shikamaro
	gigazine.net/news/20161209-nara-sento-kun-shikamaro-kun

현대 건축의 아버지 르 코르뷔지에, 그리고 그와 일본

www.pen-online.jp/news/art/le-corbusier-and-japan_2015

casabrutus.com/special/tomas-maier-meets-le-corbusier/dawn-of-the-modern-in-japan

www.city.taito.lg.jp/sekaiisan/seibi_2lecorbusier.html

르 코르뷔지에와 일본(ル・コルビュジエX日本 国立西洋美術館を建てた３人の弟子を中心に) 전시 책자

ja.wikipedia.org/wiki/%E5%9B%BD%E7%AB%8B%E8%A5%BF%E6%B4%8B%E7%BE%8E%E8%A1%93%E9%A4%A8

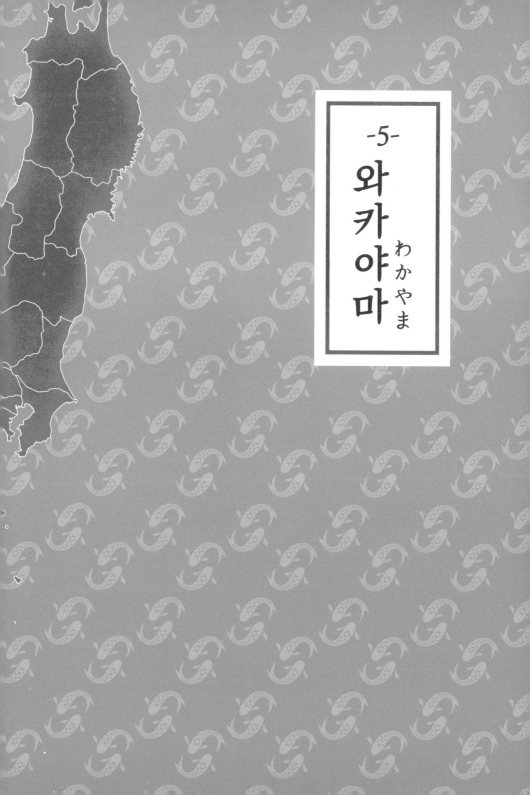

-5-

와카야마

わかやま

'아니 도대체 와카야마는 어디 있는 거야?' 일본으로 출장을 오셨던 아버지가 집에 돌아가자마자 나에게 물은 첫 마디였다. 이야기를 들어보니 간사이 국제공항으로 가는 열차가 반으로 분리되면서 뒤쪽 열차들이 와카야마라는 곳으로 빠졌다고 하는데, 관광객인 아버지로서는 전혀 알 수 없는 동네였다고 한다. 그래도 나름 오사카 바로 밑에 위치하고 있는 와카야마 현이지만, 사실은 한국인뿐만 아니라 일본에 살고 있는 나에게 조차도 생소한 지방이다. 그렇지만 모처럼 간사이 지방 여행기인데 와카야마를 빼놓기에는 아쉽기도 하고, 미지의 세계인 곳을 한번 탐방하자! 라는 생각으로 도쿄로 돌아오기 전 마지막 날에 와카야마로 무작정 떠났다.

오사카에서 와카야마에 가기 위해서는 난바 역에서 JR선을 이용하거나 난카이선을 이용해 가는 방법이 있다. 나는 숙소 근처에 있던 난카이 난바 역(南海難波駅)에서 '와카야마시 역(和歌山市駅)'으로 한 번에 가는 열차1를 사용했다. 다른 한국인들은 간사이 공항으로 가기 위한 라피트 티켓을 구매하는 반면, 나는 창구에서 당당하게 '와카야마시 역'이라고 말하니 직원분이 '뭘 좀 아는 사람이군'이라는 표정으로 보면서 표를 건네 준 웃긴 에피소드도 있었으니, 즐거운 여행을 위한 첫 단추는 직원 분 덕분에 제대로 끼워졌다.

와카야마시 역에 가는 일본인들 또한 많지 않았다. 그리고 도착한 와카야마! 역이 공사 중이었던 참이라 복잡해보였지만, 막상 나오니 여행객은 나와 아이를 안고 있던 서양인뿐이었다. 와카야마 관광안내소를 가니, 오랜만에 관광객을 보는 듯한 표정을 하고 있었다. 그래서인지 더욱 친절한 응대

---

1 1시간마다 한 대씩 열차가 도착하므로 원하는 시간대에 탑승하면 된다.

에 감사를 전하고, 와카야마 건축 여행의 제대로 된 스타트를 끊었다. 이번 와카야마 건축 여행의 가장 큰 특징은 굵직한 건축물보다는 소소한 건축물이 더 많다는 점이다. 그렇지만 자세히 들여다보면 소소한 건축물도 그만의 매력을 오롯이 가지고 있으니, 시간이 나면 이 소소하고 매력적인 와카야마에 잠시나마 들려보자!

와카야마의 역사가 담뿍,
와카야마 현립 근대 미술관/와카야마 현립 박물관
(和歌山県立近代美術館/和歌山県立博物)

위치
와카야마 현 와카야마 시 후키아게 1-4-14(和歌山県和歌山市吹上1-4-14)
설계
구로카와 기쇼
준공
1994년

와카야마 건축 여행의 첫 건축물인 와카야마 현립 근대 미술관으로 가기 위해 와카야마시 역 바로 앞에 있던 관광안내소에 물어보니, 버스를 타면 5분이고, 도보로는 10~15분이라고 했다. 돈 없는 학생인 나는 걸어가는 방법을 택했다. 관광 안내소에서 보이는 가장 큰 길을 쭉 따라 걸어가면서 몇 개의 큰 신호등을 지나치니 대형 교차로 왼편에 머리를 내민 특이한 외관의 건축물. '아 저건 누가 봐도 유명한 사람이 지었겠구나'하는 건축물이 대뜸 나타나게 된다. 아니나 다를까 눈에 밟히던 건축물이 바로 현립 근대 미술관이었고, 나는 서둘러 미술관 쪽으로 발을 향했다.

와카야마 현립 근대 미술관의 시초는 1963년에 와카야마 성 내에서 개관한 현립 미술관을 발전시킨 '와카야마 현민 문화회관'의 1층의 미술관이다. 점점 시간이 흐르면서 컬렉션이 증가하고 수장고가 좁아지면서 새로운 미술관이 필요해진 와카야마 현은 과거 와카야마 대학의 부지에 미술관을 짓기로 결정했다. 건축가 구로카와 기쇼가 미술관 건축 디자인에 참여했는데, 와카야마 현 내에서는 유일하게 일본 공공 건축 백선에 들어간 뛰어난 작

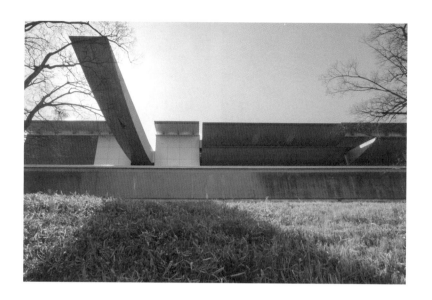

품이라고 한다.

이러한 미술관의 설계 콘셉트는 '공생'. 가장 먼저 눈에 띄었던 신기한 모양의 지붕은 와카야마 성의 처마를 거꾸로 뒤집은 모양과 같고, 미술관으로 향하는 입구 계단에 있는 조명은 일본의 등롱을 표현하고 있다. 모든 계단 손잡이의 불규칙적인 곡선 또한 와카야마에 있는 키노 강(紀ノ川)과 쿠마노 강(熊野川)의 이미지를 반영한 것이다. '와카야마의 역사와 공생한다'라는 생각을 가지고 미술관을 바라보면, 어느 순간 와카야마의 역사가 읽힐 것이다. 물론 방문하기 전에 와카야마 성을 먼저 방문했다면 금상첨화일 것이다.

내부 전시를 찬찬히 보고 나서 미술관을 나와 보니 옆에 또다른 건축물이 모습을 보였다. 뭔가 대단한 건축물이 하나 더 있다고 생각했는데, 그곳이 바로 구로카와 기쇼가 미술관과 함께 지은 '와카야마 현립 박물관'이었

다. 와카야마 현립 박물관과 미술관은 2층 통로와 지하로 연결되어 있고, 공조시스템과 전기계통의 배선 등을 공통으로 하는 일체 건축물이다.(이러한 이유로 미술관/박물관을 세트로 표기하는 경우가 많다. 지금의 나처럼 말이다.) 그렇지만 박물관의 외관을 보면 미술관과는 사뭇 다른 느낌을 받을 수 있는데, 둥근 커브 모양의 유리 커튼월이 건물 대부분의 벽을 차지하고 있다. 미술관이 마치 닫힌 느낌이었다면, 박물관은 좀 더 많은 사람에게 개방된 느낌이랄까. 그렇지만 미술관 지붕의 뾰족한 느낌이 마치 박물관 커튼월 끝의 선단 부분과 굉장히 닮은 느낌을 받았다.

와카야마 현립 박물관은 고야산(高野山)과 쿠마노 고도 순례길 등 와카야마 현 내의 풍부한 문화재를 후세에 전달하기 위해 적극적으로 전시하고 있다. 개방된 느낌의 설계는 많은 사람들의 방문을 희망하는 것을 충분히 표현하고 있었다. 그렇지만 가는 날이 장날이라고, 내부 인테리어 공사로 인해 박물관 안까지는 방문할 수 없었다. 다른 일본 블로거 분의 말을 인용하자면, 내부는 뻥 뚫린 입구 홀에 동그란 간접 조명이 신비로움을 더한다고 한다. '내가 어떻게 여기까지 왔는데!' 라고 울분을 최대한 삼켰다. 그리고 부지를 걸으며 미술관과 박물관 외관의 또다른 공통점이 있을까 하고 찾아보는 것으로 와카야마에서의 첫 건축 탐방을 마쳤다. 만약 이곳을 방문하게 된다

면 와카야마 성과 와카야마 현립 근대미술관, 와카야마 현립 박물관을 세트로 구경해보자. 대체적인 와카야마의 역사를 알 수 있을 것이다.

기하학과 난해함의 끝판왕,
IC 빌딩(ICビル)

위치
와카야마 현 와카야미 시 후키아게 1-1-19(和歌山県和歌山市吹上1-1-19)

설계
구로카와 기쇼

준공
1985년

와카야마 현립 근대 미술관과 박물관을 빠져나오면 보이는 커다란 자동차 도로를 끼고 딱 30초만 걸으면 나오는 건축물. 딱 보자마자 '아, 이건 분명히 어떤 유명한 건축가가 지었겠다'라고 생각하게 만드는 유니크한 외관의 건축물이었는데, 사실 이 건물 또한 미술관, 박물관 설계를 담당한 구로카와 기쇼가 설계한 건물이다. 보통 유명한 건축가가 지은 건축물이라면 어디선가 들어볼 법도 한데, 이 건물은 일본 사이트에서도 소개된 곳을 찾아보기 어려울 정도로 잘 알려지지 않은 건축물이다. 심지어 미술관과 박물관보다 먼저 준공되었으니 와카야마 현에 존재하는 구로카와 기쇼의 첫 작품일 가능성이 다분하다.

전체적으로 하늘을 향해 날카로운 창을 꽂으려고 하는 것 마냥, 높이 솟아 있는 얇은 모양의 회색 외관을 가지고 있다. 물론 특이한 외관에 먼저 눈이 가지만, 가장 눈길이 오래 남는 것은 건물 파사드 중앙에 새겨진 기하학적인 모양이다. 알 수 없는 기하학 모양에서 양측 창문으로 빠져나오는 촉수 같은 무언가. 눈치 챈 사람도 있겠지만, 건물의 이름처럼 전자기기에 자주 사

용되는 'IC회로'를 형상화한 디자인이라고 하는데, 이 건축물은 유니크라는 표현보다 '그로테스크(Grotesque)'라는 표현이 더 알맞을 것 같았다. 건물의 모양은 심플하지만 파사드에 새겨진 문양은 굉장히 포스트 모던적이고 구로카와 기쇼의 구조주의적인 건축의 느낌도 얼핏 느껴진다. 어떻게 보면 굉장히 이질감이 느껴지는 이 두 요소지만, 구로카와 기쇼이기에 이 둘을 잘 엮지 않았을까, 라는 생각을 하면서 건물을 잠시 감상했다. 인터넷에도 거의 정보가 없는 건물을 찾아내는 굉장히 귀한 경험을 했구나 싶으면서, 이 건물에 관심을 가진 최초의 한국인이 아닐까 하는 왠지모를 자부심을 가지게 되었다. 만약 와카야마에 가게 된다면, 이 건물을 주의깊게 봐보자. 혹시 모른다, 제 2의 IC빌딩 한국인 관람객이 될지도.

구조미와 예술성이 돋보이는,
와카야마 현청 남쪽 별관(和歌山県庁舎 南別館)

위치
와카야마 현 와카야마 시 미나토토리쵸키타 1-2-1(和歌山県和歌山市湊通丁北1-2-1)

설계
타카마츠 신, 아즈사 설계

준공
2007년

IC빌딩 앞에서 열심히 사진을 찍던 나는 다른 장소로 이동하기 위해 버스 정류장을 찾던 도중, 마음에 쏙 드는 건축물 외관을 발견하게 되었다. 마름모 모양의 판넬이 잔뜩 붙어 있고 천장이 매력적인 이 건물의 이름도 모르는 채, 사진만 많이 찍어서는 '나중에 찾아야지'라는 마음으로 집에 돌아와서 찾아봤다. 방문 당시에도 경찰관과 정장을 입은 사람들이 다른 곳에 비해 많았기에 정부 관련 건물이겠거니 싶었는데, 아니나 다를까 와카야마의 행정을 담당하는 와카야마 현청의 남쪽 별관이었다.

설계를 담당한 것은 건축가 타카마츠 신(高松伸)과 공항 설계로 일본 내외에 정평이 나 있는 아즈사 설계사무소(梓設計)이다. 혹시 그들이 선택한 마름모 모양의 파사드가 마음에 들지 않는 사람이 있다면, 지금 내가 시작하는 얘기를 주의깊게 살펴보자.

일본이 지진이 많은 나라라는 것은 누구나 아는 사실일 것이다. 와카야마 현은 남쪽 별관을 건설할 때 이러한 자연재해에 대한 방재 센터를 설계하기로 계획했다. 이 시설이 방재 센터로서의 역할을 담당하는 만큼 아무리 커

다란 지진이 와도 견딜 수 있는 구조로 설계해야 했고, 건물을 '내진 래티스 (耐震ラティス)'라는 비스듬한 격자 모양의 구조로 세우는 방식을 택했다. 그리고 그 래티스 모양에 맞춰서 알루미늄 판넬과 유리를 박자, 구조적으로 도 합리적이면서 멋진 외관이 탄생할 수 있던 것이다.

주말이어서 건물 안으로는 들어갈 수 없었기에 밖에서 사진을 찍던 도중,

1층 주차장의 천장이 보였다. 일반적인 천장이라면 딱 막힌 천장일텐데, 남쪽 별관의 천장은 격자 모양이 그대로 비워져 있었다. 마름모 모양의 타일과 격자 모양의 천장을 사진으로 찍자 기하학의 향연이 사진에 그대로 펼쳐졌다. 구로카와 기쇼의 작품들도 그렇고, 기하학적 요소가 참 많은 동네구나라고 실감하면서 와카야마에서의 건축 여행을 마쳤다.

세계 문화 유산으로 지정된 와카야마 구마노 고도 순례길

　지금의 나에게 가장 부러운 사람을 꼽으라면 새로운 여행을 떠나려고 준비를 하는 사람들이라고 하고 싶다. 특히 유럽 여행, 그리고 그중에서도 산티아고 순례길을 걷고자 하는 사람들은 존경스럽기까지 하다. 산티아고 순례길(Camino de Santiago)은 프랑스 남부부터 스페인 북서부에 있는 산티아고 콤포스텔라까지 약 800km에 이르는 길이며, 많은 사람들이 선망하는 체력적으로나 정신적으로 험한 여행길이다. 하루에 최소 20km는 걸어야 한다는데, 그 길을 걸으면서 자연스레 유럽의 문화도 익히고 자신을 되돌아보는 전환의 기회도 주어서 많은 사람들이 순례길에 도전한다고 한다.

　그런데 일본에도 산티아고 순례길과 같은 길이 있다면 믿겠는가? 일본 문

화와 일본의 자연을 느끼면서 자신을 되돌아보고 싶다면, 와카야마 내륙에 위치한 쿠마노 고도 순례길을 추천한다. 쿠마노 고도 순례길(熊野古道参詣道)은 일본 각지로부터 위치한 쿠마노 3산[1]으로 향하는 참배길을 총칭한다. 2004년에는 '기이(紀伊) 산지의 영지와 참배길'로 유네스코 세계유산에 등록되었다. 이것은 1993년 산티아고 순례길 이후에 세계에서 두 번째로 등재된 순례길이다. 여담이지만 스페인 산티아고 순례길의 마지막 종착지인 갈리시아 지방과 와카야마 현은 순례길의 마지막 종착지라는 공통점으로 1998년 10월 9일에 자매 결연을 맺었다고 한다.

그렇다면 쿠마노 순례길은 왜 생겨났을까? 이 부분을 설명하기 위해서는 일본 문화에 대한 설명이 다소 길어지는 점, 먼저 양해를 구한다. 맨 처음 일본의 신앙은 바다나 큰 강, 바람, 천둥이나 토지신 등, 조상신을 가미(神)로서 숭배하는 자연 숭배로 시작되었다. 쿠마노 3산의 신앙 또한 자연 숭배로 시작되었고, 쿠마노 3산 각 대사마다의 기원과 자연 숭배의 대상은 각각 달랐다. 그러나 어느 순간부터 일본만의 독특한 신불습합(神仏習合)[2]의 영향을 받아 많은 사람들이 이 세 대사에 신이나 부처가 깃들어 있다는 쿠마노 산쇼곤겐(熊野三所権現)을 믿기 시작했다. 시간이 지나고 헤이안 중기부터 전파된 본지수적설(本地垂迹説)[3]에 의해 본궁 대사의 본지불(本地仏)은 아미타불, 하야타마 대사는 약사여래, 나치 대사는 천수관음으로 구체적인 숭배 대상이 정해지게 되었고, 이 부처들을 방문하기 위해 3산을 순례한다는 것이 바로 이 쿠마노 고도 순례길의 진정한 의미이다.

---

1 쿠마노 본궁 대사(熊野本宮大社) / 쿠마노 나치 대사(熊野那智大社) / 쿠마노 하야타마 대사(熊野速玉大社)의 신사들을 총칭하는 말이다.
2 일본이 불교를 수용한 후 과거의 자연 신앙과 불교 신앙이 융합한 결과 나타난 신앙 형태이다.(21세기 정치학대사전 발췌)
3 신불습합이 진행되고 난 10세기에 나타난 사상으로, 일본의 신과 부처를 직접 관련짓는다.(일본사 다이제스트 100 발췌)

쿠마노 고도 순례길은 메인 루트인 '나카헤지(中辺路)'를 비롯해 오헤지(大辺路), 고헤지(小辺路) 등 5개의 루트가 있지만, 처음 순례길에 도전한다면 나카헤지를 추천한다. 나카헤지는 타나베(田辺)에서 순례길의 하이라이트인 쿠마노 본궁 대사를 지나, 쿠마노 나치 대사 또는 쿠마노 하야타마 대사를 지나는 루트이다. 나치 대사와 하야타마 대사 중 한 길로 선택할 수밖에 없는 루트이니, 사전에 가고 싶은 곳을 미리 정해놓도록 하자. 그중에서도 가장 걷기 쉬운 코스는 우마동자상(牛馬童子像)부터 쿠마노 본궁 대사까지 연결되는 길이라고 한다. 대중 교통을 이용해 나카헤지로 향할 경우, JR기이타나베 역(紀伊田辺駅) 앞에서 약 1시간 동안 버스⁴를 타고 우마동자상 앞에서 내리면 된다.

만약 순례길을 도전하게 된다면, 세계적으로 칭송받는 건축가 유닛인 SANAA(세지마 카즈요, 니시자와 류에)가 설계한 쿠마노 고도 나카헤치 미술관(熊野古道なかへち美術館)에 들려보자. 쿠마노 본궁 대사와 불과 5~6㎞정도 떨어져 있어서, 순례하면서 건축물도 관광하고 일석이조인 격

---

4 하루에 버스가 7대 밖에 없다고 하니, 시간에 유의하자!

이다. 쿠마노 산의 모습이 잘 보이도록 저층으로 설계한 이 미술관은 반투명한 유리 소재와 투박한 철판이 자연과 조화를 이루고 있다. 안에는 쿠마노 고도와 어울리는 일본의 회화 작품이 상설 전시되어 있으니, 일본을 만끽하고 싶은 사람은 잠시 들려서 휴식을 취해보는 것도 추천한다.

　쿠마노 고도 순례길이 와카야마의 핵심 관광지인 만큼 현재는 스탬프 랠리나 가이드를 포함한 관광 등 여러 관광 사업을 활성화하고 있다. 고대하던 유럽 순례길 여행이 무산된 사람들, 지금 당장이라도 짐을 싸서 어딘가로 힐링을 위해 떠나고 싶은 사람들에게 이 순례길은 또다른 선택지가 될 것이다. 쿠마노 고도 순례길에서 느낄 일본의 자연과 문화는 기대를 절대 배신하지 않을 것이다.

건축의 '신진대사'를 추구한,
구로카와 기쇼

　학부 1학년 때, 좋아하는 일본 내의 건축물을 조사하라는 과제를 받은 적이 있다. 안도 다다오는 일본 내에서도 인기가 많은 건축가인지라 그의 건축물은 전부 다른 사람이 발표한 상태였다. 다른 건축물을 찾아보던 찰나에 들어온 나카긴 캡슐 타워. 캡슐모양의 방들이 구조체에 덕지덕지 붙어있는 모습을 보고 신선한 충격에 빠진 나는 최종 발표에서 그 건물에 대해 발표했고, 조교님에게 박수갈채를 받은 기억이 있다. 그리고 시간이 지나 교환학생으로 간 벨기에에서 담당 교수님이 '사실 구로카와 기쇼 설계사무소에서 일을 했었어'라고 말씀하셨다. 내 건축 인생이 구로카와 기쇼와 무언의 연결고리가 있는 게 아닐까 싶을 정도로 내가 영향을 받은 건축가 중 한 명이다.

　구로카와 기쇼(黒川紀章)는 1934년 일본 아이치 현에서 태어났다. 교토대학 공학부 건축학과를 졸업한 뒤에 도쿄대학 대학원에 진학할 정도로 수재였다고 한다. 도쿄대에서 단게 겐조 연구실에 지도를 받으면서 동시에 '구로카와 기쇼 건축 도시 설계 사무소'를 설립했다.

　구로카와 기쇼하면 떠오르는 사상은 바로 '메타볼리즘(metabolism)'이다. 메타볼리즘은 1959년에 구로카와 기쇼나 키쿠타케 키요노리 등의 일본의 젊은 건축가들이 모여서 제창한 일본만의 독특한 건축 운동이다. '신진대사'를 의미하는 단어의 뜻처럼, 낡은 세포가 새 세포로 갈음되듯이 건축 또한 사회의 변화나 인구의 성장에 맞춰서 유기적으로 성장해야 한다는 개념이다. 한창 고도 성장을 이룩하고 있던 일본에게 딱 필요한 사상이었고,

그러한 사회 환경에 맞춰서 메타볼리즘 건축은 빠른 속도로 성장했다. 근대 건축 국제 회의인 CIAM의 다음 세대인 젊은 건축가 그룹 'Team X(팀 텐)'이 활동하기 시작한 것에 영향을 받아, 1960년대 일본에서 열린 세계 디자인 회의에 참여하는 건축가들이 모여 건축의 미래에 대해 얘기를 나누는 그룹을 만들게 되었고, 세계 디자인 회의에서 'METABOLISM/1960 - 도시의 제안(都市への提案)'란 거대 도시 계획을 발표했다. 최종적으로 그들이 주창한 거대 도시는 실현하지 못했지만, 각각의 그룹의 멤버는 각자의 건축에 메타볼리즘 사상을 반영하기 시작했다. 그러나 1970년대의 오일 쇼크 이후, 낙관적 기술주의를 기반으로 하는 메타볼리즘 운동은 서서히 쇠퇴하고 다음 세대인 포스트 메타볼리즘 운동으로 변화했다.

이러한 메타볼리즘의 개념을 가장 잘 보여준 대표적인 건축물이 바로 앞에서 언급한 구로카와 기쇼의 '나카긴 캡슐 타워'. 각각 독립된 유닛을 새집처럼 쌓은 독특한 모양이 인상적이다. 해외에서 오는 견학자들은 드럼세탁

기를 쌓은 모양이라고도 하는 모양이다. 하나의 방이 각각 독립된 유닛을 구성하고 있고, 아직 실행에 옮긴 적은 없지만 이 유닛 자체를 교환할 수 있도록 설계가 되어 있다. 유닛 내부는 우주선과 같은 디자인으로, 침대부터 에어컨, 냉장고, TV까지 없는 게 없는 최고의 방 유닛이다. 매달 페이스북 페이지에서 내부 견학회를 열고 있으니, 도쿄에 방문할 기회가 있다면 미리 예약을 하고 방문해보는 것도 일본 건축을 체험하는 새로운 방법이지 않을까 싶다.

한 장소에서 계속 같은 모습으로 존재한다는 점에서 건축은 다른 예술적 매체와 다른 특징을 가지고 있다. 그러나 이러한 특징은 시대에 따라서는 맞지 않을 수도, 반대로 적합할 수도 있는 것이다. 만약 건축물이 다른 매체처럼 그 시대에 맞춰서 사회의 트렌드를 읽는 능력을 갖는다면 어떻게 될까.

쿠로카와 키쇼의 또다른 작품인 국립신미술관

학부생이었던 나에게 건축이 변화할 수 있다는 '메타볼리즘'의 개념은 너무나 신선했고, 이러한 운동을 안 후에야 비로소 구로카와 기쇼의 건축물을 비롯한 다른 일본 근대 건축을 이해할 수 있었다. 만약 이와 같은 운동이 일본 내 또는 해외에서 다시 열풍이라면, 나는 아마 그 운동에 적극적으로 참가하고 있지 않을까 싶다.

참고문헌

와카야마의 역사가 담뿍, 와카야마 현립 근대 미술관 / 와카야마 현립 박물관

ko.wikipedia.org/wiki/%EC%9D%BC%EB%B3%B8%EC%9D%98_%EA%B1%B0%ED%92%88_%EA%B2%BD%EC%A0%9C

archirecords.com/blog-entry-87.html

archirecords.com/blog-entry-88.html

www.hakubutu.wakayama-c.ed.jp

www.wakayama-aba.jp/public/%E5%92%8C%E6%AD%8C%E5%B1%B1%E7%9C%8C%E7%AB%8B%E5%8D%9A%E7%89%A9%E9%A4%A8

www.wakayama-aba.jp/public/%E5%92%8C%E6%AD%8C%E5%B1%B1%E7%9C%8C%E7%AB%8B%E8%BF%91%E4%BB%A3%E7%BE%8E%E8%A1%93%E9%A4%A8

기하학과 난해함의 끝판왕, IC 빌딩

archirecords.com/blog-entry-213.html

구조미와 예술성이 돋보이는, 와카야마 현청 남쪽 별관

archirecords.com/blog-entry-212.html

일본에서 만나는 머나먼 순례의 길, 와카야마 구마노 고도 순례길

pub.chosun.com/client/news/viw.asp?cate=C03&mcate=m1004&nNewsNumb=20150818058&nidx=18130

ko.wikipedia.org/wiki/%EC%B9%B4%EB%AF%B8%EB%85%B8%EB%8D%B0%EC%82%B0%ED%8B%B0%EC%95%84%EA%B3%A0

ja.wikipedia.org/wiki/%E7%86%8A%E9%87%8E%E5%8F%A4%E9%81%93

archirecords.com/blog-entry-304.html

www.city.tanabe.lg.jp/nakahechibijutsukan

terms.naver.com/entry.nhn?docId=728410&cid=42140&categoryId=42140

ことりっぷ(co-trip) 和歌山 책

건축의 '신진대사'를 추구한, 구로카와 기쇼

ja.wikipedia.org/wiki/%E9%BB%92%E5%B7%9D%E7%B4%80%E7%AB%A0

terms.naver.com/entry.nhn?docId=1001486&cid=42637&categoryId=42637
(국립신미술관)

blog.naver.com/anubis101/130003718066

terms.naver.com/entry.nhn?docId=910818&cid=42664&categoryId=42664

참
고
문
헌

ja.wikipedia.org/wiki/%E3%83%A1%E3%82%BF%E3%83%9C%E3%83%AA%E3%82%BA%E3%83%A0

ja.wikipedia.org/wiki/%E4%B8%AD%E9%8A%80%E3%82%AB%E3%83%97%E3%82%BB%E3%83%AB%E3%82%BF%E3%83%AF%E3%83%BC%E3%83%93%E3%83%AB (나카긴 캡슐 타워)

terms.naver.com/entry.nhn?docId=2411765&cid=51298&categoryId=51298 (ciam)

terms.naver.com/entry.nhn?docId=1052525&cid=42658&categoryId=42658

-6-

나오시마
なおしま

'다경아, 도쿄랑 오사카 이외에 또 갈만한 곳이 있을까?' 내가 교환학생으로 갔던 학교에서 같이 건축을 공부한 리투아니아 친구가 중국에서의 교환학생을 끝내고 일본 여행을 계획하는 도중에 나에게 이런 질문을 던졌다. 나는 곰곰이 생각하던 끝에 나오시마와 테시마를 추천해 주었다. 예술의 섬, 나오시마! 막상 나는 당시에 이곳을 방문하기 전이었지만, 나오시마와 테시마는 예술을 공부하는 사람들에게는 천국이라는 이야기를 수십 번은 들어왔었다. 왜 나오시마와 테시마가 예술인의 천국인지는 천천히 후술하겠다.

그로부터 약 1달 후 여행을 마친 리투아니아 친구를 다시 만났는데, 나오시마가 일본에서 가장 좋았다며 추천해줘서 진심으로 고맙다고 하는 것이었다. 나는 얼마나 좋았으면, 하고 궁금해진 나머지 기왕 일본 사는 거 나오시마에 한번 가보자고 마음을 먹었다.

나오시마는 말 그대로 섬(島, 시마)이기 때문에 배를 타고 진입해야 한다. 나 같은 경우 카가와 현 타카마츠 시에 게스트하우스를 잡았기 때문에 타카마츠 항(高松港)에서 출발하는 배편(약 50분)을 알아봤다. 또 다른 방법으로는 오카야마 현에 있는 '우노 항(宇野港)에서 출발하는 편도 있는데 편도 약 20분이라 타카마츠 항에서 출발하는 것보다 편리할 수는 있으나 우노 항 근처에는 세토우치 아트 프로젝트 외에는 딱히 방문할 장소가 없다. 그에 비해 카가와 현의 타카마츠는 다른 현으로 이동하기도 좋고 관광 시설이 잘 구비되어 있는 편이다.

나오시마에서의 하루 목표는 아침 8시 12분에 타카마츠 항에서 페리를 타고 나오시마 미야노우라 항(宮浦港)까지 들어가 9시부터 나오시마를 관광하고, 17시에 숙소로 돌아가는 페리를 타는 것이었다. 나오시마에 워낙 볼

것이 많다는 소리를 듣고 섬에서 1박을 해야 하나 싶었지만, 딱 반나절 지내보니 혼자 여행하는 나에게는 저 일정이 딱 알맞았다. 약간 남는 아쉬움은 다시 이곳에 돌아올 것이라는 굳은 믿음으로 극복했다. 당일 8시 12분 나오시마로 출발하는 페리에는 일본인만큼이나 한국인도 꽤 있었다. 방학 기간이기도 했거니와, 방송 배틀 트립에서 방영된 일본 카가와 편이 인기가 꽤 좋았던 모양이다. 나처럼 혼자 여행하는 사람은 없구나, 하고 혼자 쓸쓸함을 느끼며 아침 9시 나오시마에 도착했다.

나오시마에 도착하면 가장 먼저 해야할 일은 바다에 접하고 있는 일본 아티스트 쿠사마 야요이(草間彌生)의 거대한 빨간 호박과 사진 찍기. 아니나 다를까 사진 찍고 있는 사람들의 대부분은 한국 사람이다. 삼각대를 사용한 인증샷이 필수인 한국인들을 보며 진정한 포토그래퍼의 정신은 바로 이런 거 아닐까라고 감탄했다. 사진을 찍은 뒤에는 본격적으로 나오시마 관광에 나선다. 관광 안내소에 가서 물어보니 버스나 전기 자전거를 이용하는 방법이 있었다. 전기 자전거가 반나절에 천 엔이라니, 페리 편도 가격이 500 엔 정도 하는 걸 생각하면 싼 편이라고 생각해 자전거를 빌리기로 결심했다. 전기 자전거 렌탈을 하는 데는 신분증 확인이 필수였다. 학생증으로 신분증을 대체하고 아저씨에게 나오시마 일주에 대해서 간단한 관광 가이드를 들었다. 지도도 바구니 부분에 달아주셔서 참고하면서 달리기 좋았다. 먼저 안도 다다오의 작품들(지추 미술관, 이우환 미술관, 베넷세 하우스)를 다 보고, 점심을 먹고 난 뒤에는 천천히 이에 프로젝트를 즐기면 된다는 현지인의 꿀팁을 듣고 자전거 지추 미술관 쪽으로 페달을 정신없이 밟기 시작했다.

땅 안에 박혀있는 신비로운 공간,
지추 미술관(地中美術館)

위치
카가와 현 카가와 군 나오시마쵸 아자쿠라우라 1390번지(香川県香川郡直島町字倉浦1390番地)

설계
안도 다다오

준공
2004년

아침 9시 20분, 나오시마 항구에서 자전거를 밟으니 5분도 채 안돼서 급격한 오르막길이 나타났다. 페달을 열심히 밟으며 언덕을 올라가면 왼쪽에는 울창한 숲이, 오른쪽에는 바다로 탁 트인 절벽이 나타난다. 항구에서 자전거로 15분 정도 걸리는 곳에 지추 미술관이 있다. 나오시마 내의 모든 미술관은 10시 개관이니, 잠시나마 바다를 구경할 시간도 있었다. 절벽에서 잠시의 휴식을 즐기고 지추 미술관으로 향했다.

9시 40분에 먼저 도착한 곳은 지추 미술관 바로 앞이었지만, 매표소는 자전거를 타고도 약 100미터는 더 내려가야 했다.[1] '왜 미술관에서 떨어진 곳에 매표소가 있는 거지' 하고 궁시렁댔지만, 내 지인들을 포함해서 모든 사람이 입을 맞춰 얘기한 '안도 다다오의 최고의 걸작'이기에 참았다. '안도 다다오를 좋아하는 네가 이 건축물을 모르다니!!'라고 얼마나 혼났던가. 드디어 그 서러움을 풀 수 있다는 생각에 괜시리 어깨가 으쓱했다.

10시 15분 전 도착해 10분 전까지 직원들에게 주의사항을 듣고 발권을 한 뒤 미술관으로 가는 길목에서 꽃들을 가꾸는 할아버지와 이야기를 나누게 되었다. 안도 다다오의 설계와 관계없이 모네의 수련에서 영감을 받아 미술관까지 가는 100m 정도의 심심했던 길에 주민들의 의견을 반영해 여러 꽃

1 2018년 8월 1일부터 입장 시의 대기 시간을 완화하고 감상 환경을 최적화하기 위해 온라인으로 티켓을 판매하고, 예약제로 운영된다고 한다. 이 점에 유의해서 인터넷 홈페이지(http://www.e-tix.jp/chichu/en/)에서 미리 티켓을 구매하자.

을 심었다고 한다. 심지어 길 옆 조그마한 개울가에는 실제로 수련을 띄워 놨다고. 지역 주민들 또한 나오시마를 위해 힘쓰고 있는 작은 건축가라는 인상을 받았다.

지추 미술관은 2004년 설립된 안도 다다오가 관여한 나오시마의 4번째 건축물로, '자연과 인간을 생각하는 장소'로서 2004년에 설립되었다. 내부는 아쉽게도 사진을 찍을 수 없었지만, 미술관은 세토내해의 아름다운 경관과 어울리도록 사각형이나 삼각형 등 기하학적인 형태의 개구부 이외의 건물을 땅 밑에 매립하는 식으로 설계했다. 이렇게 뚫어놓은 개구부 덕분에 미술관 내부에서는 1년 365일 내내 자연광을 받을 수 있는 것이다. 이 자연광은 자연 속에서 시간대별로, 계절별로 변하는 전시 작품들을 보여준다. 이 미술관은 물론 전시실에 담겨있는 미술도 작품이지만, 어떻게 보면 건물 건체가 커다란 설치 미술이라고 생각할 수 있을 것이다.

지추 미술관에는 클로드 모네, 제임스 터렐, 월터 데 마리아의 세 작품만

이 상시 전시되어 있고, 각 전시실마다 전시 공간이 따로 설치되어있는 게 특징이다. 세 작품 중에서 가장 인상에 남은 공간은 모네의 '수련'이다. '수련의 공간에는 되도록 혼자 들어가는 게 좋다'라는 모 블로거의 글을 본 뒤라 발걸음을 재촉해 수련의 공간에 첫 번째로 들어가는 것에 성공했다. 노출 콘크리트의 공간으로부터 흰색을 좋아하던 모네를 위한 하얀색으로 뒤덮인 공간으로 발을 옮기니, 마치 전시를 보기 위해 다른 세계에 온 것만 같았다. 그 상태로 하늘에서 개구부를 통해 자연광이 들어왔고, 은은하게 일렁이던 빛이 하얀색 타일에 반사되면서 신비로운 느낌을 자아내 마치 수련의 실물을 보러 물속에 들어간 것 같았다. 한 사람만 있기에는 굉장히 넓은 공간이었지만 빛과 수련의 분위기로 충분히 꽉 찬 느낌을 받을 수 있었다.

땅 속에 박혀있는 미술관이기에, 외관보다는 미술관 안의 공간을 돌아다녔다. 미술관 초입의 벽이 기울어진 복도에서 안도 다다오 식의 '새로운 공간으로 들어간다는' 긴장감을 충분히 느끼고, 노출 콘크리트에 절묘하게 들어간 슬릿(slit, 긴 구멍)에서 빛을 몸에 감싸면서 경사를 타고 내려가는 느낌을 받았다. 지금까지 봐왔던 안도 다다오의 작품 중 제일 으뜸간다던 말을, 미술관을 돌면서 몇 번이고 눈으로, 피부로 깨달았다. 미술관을 나오고 한참이 지나 생각해보니, 이 미술관이 만약에 지상에 지어졌다면 지금처럼 소름 돋기까지 하는 감동을 줄까, 하는 생각이 들었다. 그러나 역시 나의 답은 '그렇지 않다'. 눈에 잘 띄지 않는 외관이 오히려 감동을 극대화하고, 예술을 담고 있는 건축 또한 또다른 예술이 될 수 있다는 것을 그 당시의 안도 다다오가 염두에 두고 설계를 한 것일까?

이우환과 안도 다다오가 함께 어우러진, 이우환 미술관(李禹煥美術館)

위치
카가와 현 카가와 군 나오시마쵸 아자쿠라우라 1390번지(香川県香川郡直島町字倉浦1390番地)

설계
안도 다다오

준공
2010년

지추 미술관을 나오면서 입구를 관리하고 있던 스태프에게 이우환 미술관의 방향을 물어보니, 자전거를 타고 5분 정도 가면 나오는 삼거리에서 오른쪽으로 내려가면 바로 나온다고 했다. 그녀의 말대로 자전거를 밟으니 이우환 미술관의 특징인 드넓은 광장과 그 안의 콘크리트 기둥이 보이기 시작했다.

국제적으로 좋은 평가를 받는 아티스트 이우환의 1970년대부터 현대에 이르는 회화와 조각 작품을 상설 전시하는 미술관으로, 안도 다다오와의 콜라보레이션으로 만들어진 미술관이다. 이우환은 1936년에 경상남도에서 태어나 서울대에서 미술을 전공을 하다 중퇴 후 일본으로 넘어가 니혼대학(日本大学)에서 철학과를 졸업했다. 그 뒤로 일본과 유럽을 중심으로 왕성한 활동 중인 모노파[1]의 대표적인 작가이다.

그(들)의 작품을 보기 위해 계단을 타고 내려가니 콘크리트 덩어리와 매

---

1 모노파(もの派)란, 1960년대 말부터 1970년대 중반까지 있던 일본 현대 미술의 움직임이다. 도르 나무, 종이, 철판 등의 '사물'만을 사용하거나 조합하여 작품을 만든다.

우 높은 콘크리트 기둥의 대비가 미술관에 엄숙함을 자아냈다. 이우환 작가의 말에 의하면 공간에 활력을 불어넣으려는 의도였다고 한다. 기둥이 얼마나 높은지를 실감하면서 점점 미술관 입구로 다가갔다. 50m에 달하는 거대한 벽이 미술관에 입장하기 전 긴장감을 더욱 유발했다.

　아름다운 계곡이 보이는 곳에 위치해 있는 이 미술관은 풍경을 살리기 위해 반지하 구조로 되어 있다. 이우환 작가는 '동굴과 같은 미술관, 반쯤 하늘이 보이고 태내로 돌아가는 듯한, 그리고 무덤 안으로 들어가는 듯한 공간'을 상상했고, 안도 다다오는 이 생각을 이우환의 세 상자형 전시공간을 지붕이 없는 삼각형 광장으로 연결하는 디자인으로 만들어냈다. 입구로 향하는 이 기다란 복도가 관람객이 들어갈 때는 수많은 기대를, 나갈 때는 수많은 사색을 하게 한다. 동굴과 같은 미술관, 삶과 죽음의 대비를 확실하게 하기 위해 그의 대명사인 빛과 그림자의 대비를 잘 이용한 미술관이 만들어졌다고 생각된다.

다른 미술관에 비해 작품 수가 적어서 볼거리가 적다는 생각도 조금 했지만, 결론적으로 이우환 미술관에서 제공하는 넓은 공간은 이우환 작가가 몇십 년이고 생각해온 '물건(모노)'이라는 질문의 연장선인 듯했다. 마치 '독자들의 모노는 무엇인가요?'라고 묻는 것처럼. 물건이 넘치는 이 세계에서 물건의 원점을 찾는 듯한 엄숙한 공간을 만들어 각자의 '모노'가 되는 것은 무엇인지 사색을 할 수 있는 공간을, 안도 다다오는 건축으로, 이우환은 전시작품으로 이 수려한 풍경 속에 만들어낸 듯했다.

나오시마의 중심이 되는,
베넷세 하우스(ベネッセハウス)

위치
히로시마 현 히로시마 시 미나미 구 히지야마공원 1-1(広島県広島市南区比治山公園1-1)
설계
안도 다다오
준공
1992년

나오시마에서 볼 수 있는 거대한 건축물로서는 마지막인 베넷세 하우스. 이곳 또한 이우환 미술관에서 그리 멀지 않은 곳에 위치해 있었다. 자전거를 신나게 밟고 가다가 나오는 삼거리에서 위로 올라가야 한다는 것만 잘 기억해놓자. 이렇게 오르막길을 오르고 자전거를 세워놓으면, 나오시마의 마지막 미술관인 베넷세 하우스 뮤지엄에 도착이다.

베넷세 하우스는 '자연, 건축, 예술의 공생'이라는 컨셉으로 지어진 현대 미술에 특화된 미술관과 호텔을 일체화한 세계적으로 유명한 리조트 시설이다. 본관 뮤지엄동, 별관 숙박동 오팔, 파크, 비치, 그리고 별관 레스토랑동 테라스로 구성되어 있다. 베넷세 하우스 뮤지엄에 들어가기 위해서는 호텔 체크인 카운터에서 박물관 티켓을 발권받으면 된다. 베넷세 하우스의 모든 설계는 다른 작품처럼 안도 다다오가 했다. 그 중 베넷세 하우스 뮤지엄은 그가 나오시마에서 설계한 첫 번째 작품으로, 새토내 해를 바라보도록 나오시마의 고지대에 위치해 있으며 회화, 조각, 사진, 설치 미술 등 아티스트들이 이 장소를 위해 제작한 작품들을 상설 전시하고 있다. 작품은 전시 공간

뿐만 아니라 시설 밖의 해안가나 숲 속 등 여러 외부 공간에도 전시되어 있지만, 우선 미술관에 집중하기로 했다. 들어가면서 무엇보다 '여느 안도 다다오의 건축물처럼 노출 콘크리트네'라는 생각을 했다. 하긴 안도 다다오에게 노출 콘크리트가 빠지면 섭하지. 천천히 미술관 안을 걸으면, 바다를 향해 열린 구조를 가지고 있다는 것도 금방 알아챌 수 있었다. 이러한 설계는 자연과 공간이라는 경계를 허물어 미술관 주위 외부 공간 또한 작품이라는 것을 암시하고 있다. 그리고 미술관 가운데의 뻥 뚫린 공간은 마치 작품들을 전부 돌아본 뒤 잠시나마 생각을 정리하는 공간인 것 마냥 굉장히 엄숙했다.

　만약 베넷세 하우스를 100% 즐기고 싶다면 베넷세 하우스의 숙박동에서 묵는 것을 추천한다. 모든 객실이 세토내해를 한눈에 구경할 수 있게끔 되어 있고, 실내 곳곳에 배치된 작품들을 가장 가까이에서 시간 제약 없이 접할 수 있다는 최고의 이점을 가지고 있다. 그 중 1995년에 지어진 숙박동 오

베넷세 하우스 숙박동의 내부

팔(オーパル)과 베넷세 하우스 뮤지엄은 '풍경과 건축의 융합'이라는 점에서 지추미술관의 근본이 되는 작품이라고 하니, 안도 다다오가 나오시마 개발에 시간과 정성을 투자하면서 설계에 가담했다는 것을 느낄 수 있었다. 안전 문제 상 숙박객이 아닌 사람은 숙박동에 들어갈 수 없었지만, 베넷세 하우스에 관한 사진집을 통해 내부의 사진으로 공간을 간접적으로 체험할 수 있었다. 정말 시간과 돈만 충분했다면, 숙박동에서 꼭 묵어보고 싶었다. 그렇지만 가난한 학생 신분이니, 베넷세 하우스의 뮤지엄동 안에 들어갔다는 것으로 만족해야 했다.

바다를 향해 완전히 오픈된,
바다의 역 나오시마(海の駅 なおしま)

위치
카가와 현 카가와 군 나오시마쵸 2249-40(香川県香川郡直島町2249-40)
설계
SANAA
준공
2006년

사실 나오시마에 도착하자마자 여러분은 하나의 유명한 건축물을 보았다. 쿠사마 야요이의 호박도, 언덕길 도중에 봤던 멋진 전시품도 아닌, 바로 역 자체다. 역시 예술의 섬 나오시마답게 역 하나도 프리츠커 상을 받은 SANAA의 설계이다.

이 건물의 특징은 6.7m 간격의 그리드에 배치된 얇은 원기둥(약 85mm라고 한다.)이 얇고 넓은 철판 지붕을 받치고 있다는 점이다. 이 철판의 요철 또한 눈에 띄는데, 나오시마 앞바다의 파도 모양을 형상화한 것이다. 넓은 지붕으로 내리쬐는 햇빛을 피하면서 바닷바람을 느낄 수 있다는 생각이 들어서 굉장히 인상적이었다. 반사가 되는 재질로 벽을 구성한 것 또한 바다의 풍경이 바로 내부 공간으로 반영이 될 수 있어 좋다고 느꼈다. 심플하고 소박한 외관처럼은 보이지만, 구조나 디테일들을 생각하면 바다를 최대한 이용한 멋진 항구였다.

바다를 향한 기하학적인 오브제,
나오시마 파빌리온(直島パビリオン)

위치
카가와 현 카가와 군 나오시마쵸(香川県香川郡直島町)

설계
후지모토 소스케(藤本壮介)

준공
2016년

　자전거 빌린 곳에서 지추 미술관을 향해 페달을 밟기 시작한 지 3분도 채
안되는 지점에 있는 기하학적인 모양의 파빌리온이다. 우리나라나 해외에
서는 소 후지모토(Sou Fujimoto)로 유명한 '후지모토 소스케'의 작품으로,

7m나 되는 화이트 스테인레스 메쉬를 사용해 만든 다면체다. 관광객이 언제든 안에 들어가서 쉴 수 있는 쉼터의 역할도 톡톡히 하고 있다. 27개의 섬으로 구성되어 있는 나오시마의 '28번째의 섬'이라는 컨셉으로, 신기루로 섬이 해면에 떠오르는 것처럼 보이는 '우키시마(浮島) 현상'을 이미지화했다고 한다. 물론 대낮에 보는 파빌리온도 독특한 느낌을 자아냈지만, 집에 돌아가기 직전의 석양을 받아서 붉게 물든 파빌리온의 모습 또한 신비로운 느낌을 만들어냈다.

옛것을 새로이 재해석한,
나오시마 이에 프로젝트(直島「家プロジェクト」)

위치
카가와 현 카가와 군 나오시마쵸(香川県香川郡直島町) 일대

나오시마 미야노우라 항의 정 반대편, 베넷세 하우스에서 자전거로 20분 정도 이동하면 있는 이에 프로젝트. '이에 프로젝트(家プロジェクト)'란 더 이상 사용하지 않는 빈 건물을 보수해 사람이 살고 있던 시절의 시간과 기억을 되짚어가면서 그 건물을 아티스트들의 작품으로 승화하는 프로젝트이다. 현재 나오시마에는 '카도야(角屋)', '미나미데라(南寺)', '고오신사(護王神社)', '이시바시(石橋)', '고카이죠(碁会所)', '하이샤(はいしゃ)' 등 6개의 작품을 확인할 수 있다. 그 외에도 '킨자(きんざ)'와 안도 다다오의 일대기를 설명한 '안도 뮤지엄'은 별도 예약이 필요하다. 이에 프로젝트는 마을을 천천히 산책하면서 들어가 감상할 수 있게끔 마을 곳곳에 퍼져 있다. 관람객은 직접 작품을 찾아 나서는 과정을 통해 장소가 갖는 시간과 사람들의 살던 모습을 느끼고, 그 안에서 직접 살고 있는 주민들을 만나며 여러 에피소드를 만들어나가는 것이 이 프로젝트의 특징이다. 표는 별도의 매표소에서 구매 가능하다. 레스토랑이나 다른 매점에 관한 설명도 들을 수 있으니 참 좋은 관광 안내소의 역할도 하고 있다.

이에 프로젝트 중 '하이샤(はいしゃ)'

이에 프로젝트 중에서도 가장 인상 깊었던 프로젝트는 바로 '미나미데라'
이다. 겉으로 보면 평범한 나무로 만든 집이지만, 놀랍게도 작가 제임스 터
렐(James Turrell)의 작품을 위해 안도 다다오가 설계해 지은 공간이다. 작
품 안으로 들어가기 전에 직원에게 표를 보여주고 입장하는데, 다른 관람객
이 있다면 그가 나올 때까지 기다리게 된다. 직원과 나오시마 전반적인 얘
기를 나누고 본격적으로 들어가기 전에 '건물 안이 굉장히 어두우니까 조심
하라'는 신신당부를 들은 뒤에 직원의 말에 따라 움직이게 된다. 스포일러
가 되지 않을 정도로만 작품의 감상을 얘기하자면, 정말 어둡다. 어둡다는
표현보다 아무것도 보이지 않는다라는 표현이 맞을 것이다. 그렇지만 점점
그 어둠에 익숙해져 '작품'이 보이게 될 것이다. 과연 그 작품은 무엇일까!

말은 할 수 없지만, 마치 도슨트처럼 모든 것을 설명해주는 직원 덕분에 그 작품을 피부로 직접 느끼면서 전율을 느낄 수 있었다. 만약 시간이 없어서 딱 한 군데만 방문할 수 있다면, 미나미데라는 절대 배신하지 않을 것이다.

예술과 건축의 섬들을 만든,
베넷세 아트 사이트 나오시마

　일본에서 건축을 배우면서 '나오시마에 가본 적이 없다'라는 이야기를 하면 '어떻게 일본에 살면서 그곳을 안 갈 수 있니!', '꼭 한 번 가봐, 진짜 예술하는 사람들에게는 최고의 곳이야!'하는 얘기는 귀에 딱지가 앉을 정도로 수십 번도 넘게 들어왔다. 세계적으로 인정받은 건축가의 작품들이 총집합한 나오시마야말로 말 그대로 예술인의 천국이리라. 마음만 같아서는 몇 번이고 방문했겠지만 이곳에 당장 방문할 수 없었던 변명을 살짝 해보자면, 일단 학업이나 대외 활동 등등 유학생의 본분을 지키면서 살기 너무나 바빴기 때문이다. 사실 가장 큰 이유는 나오시마가 정확히 뭐하는 곳인지 몰랐기 때문이 가장 컸으리라. 도대체 왜 나오시마에 그런 예술 작품이 많은지 알 턱이 없는 나는 그냥 나오시마라는 섬 자체가 의문 투성이었다. 나오시마는, 아니 좀 더 폭넓게 '베넷세 아트 사이트 나오시마(ベネッセアートサイト直島)'는 어떻게 생겨난 것일까. 천천히 그 깊은 역사에 대해서 알아가보자.

베넷세 아트 사이트 나오시마는 1985년에 세토내해에 있는 섬들에 세계의 많은 아이들이 모일 수 있는 공간을 만들고 싶다는 생각을 가지고 있던 후쿠타케 서점[1]의 창

---

1 오카야마 시에 본거지를 둔 출판 및 교육관련 기업, 현재는 베넷세 코퍼레이션(ベネッセ 코퍼레이션)이라는 이름으로 바뀌었다.

업자인 후쿠타케 테츠히코(福武哲彦)와, 나오시마에 문화 공간을 만들고 싶다고 생각하던 당시 나오시마의 촌장이었던 미야케 치카츠구(三宅親連)에 만남으로부터 시작되었다. 그러나 1986년 후쿠타케 테츠히코의 급작스러운 죽음으로, 도쿄에 살던 장남인 후쿠타케 소이치로(福武總一郎)가 회사로 복귀하게 된다. 맨 처음 그는 갑작스러운 환경 변화에 당황해하지만, 그는 회사 생활에 금방 적응해 곧바로 아버지의 뜻을 물려받았다. 그리고 그는 후쿠타케 서점의 이름을 더 많은 사람들이 보다 나은 삶을 살라는 의미에서 '베넷세(benesse)' 코퍼레이션으로 회사의 이름을 바꾸게 된다.

　1980년대 후반부터 후쿠타케 소이치로의 주도 하에 베넷세 코퍼레이션은 1989년 나오시마 국제 캠핑장을 만들게 된다. 그리고 그 후 1992년 베넷세 하우스 뮤지엄 개관 등 미술관과 호텔, 캠프장의 복합체인 나오시마 문화 마을(直島文化村)를 만드는 프로젝트를 진행했다. 이 프로젝트에 가장

나오시마 내의 프로젝트 '아이러브유(I♡湯)'

깊게 관여한 건축가가 바로 안도 다다오이며, 그는 1991년부터 2013년에까지 걸쳐 8개의 나오시마 아트시설과 숙박시설을 설계했다. 그리고 1998년부터 진행된 '이에 프로젝트'나 테시마 등의 세토내해의 다른 섬으로 활동을 전개하는 등, 나오시마 내외의 해안이나 오래된 민가, 도로에까지 예술 활동의 무대를 넓히고 결국에는 세토내해 전체에서 예술 활동을 펼치게 된다. 그리고 나오시마 문화 마을과 이러한 사업의 확장까지 포함한 예술 활동을 '베넷세 아트 사이트 나오시마'라고 총칭하기에 이른다.

 본래 직접 작품을 구매해 전시를 하던 방식을, 1996년부터 장소 특성적 (site-specific) 미술로 방향을 전환한다. 장소 특성적 미술이란 직접 아티스트를 섬으로 초대해, 나오시마나 미술관을 둘러보고 장소를 정한 뒤 그 장소를 위한 작품을 제작하는 것이다. 안도 다다오의 노출 콘크리트 특성이 강한 건축물들과 섬의 풍경과 역사를 깊이 이해한 뒤 작가들이 만들어내는 작품은 그 특징들에 절대 굴복하지 않을 만큼 멋진 작품들이라니, 역시 후원

하는 재단이 대단한 만큼 전 세계에서 대단한 작가들이 모였구나, 라는 생각을 절로 하게 된다.

이런 예술 활동을 통해 2010년에 '바다의 복권(復權, 권리를 되찾음)'이라는 테마로 첫 '세토우치 국제 예술제'를 개최하게 된다. 세토내해에 있는 7개의 섬(나오시마, 테시마, 메기지마(女木島), 오기지마(男木島), 쇼도지마(小豆島), 오시마(大島), 이누지마)과 타카마츠 항 일대를 무대로 설정했고, 트리엔날레² 형식으로 2013년에 제2회 그리고 2016년에 제 3회가 개최되었다. 이 예술제는 고령화 문제로 점점 활력을 잃어가는 세토내해 섬의 주민들이 관광객들과의 교류를 통해 섬의 활력을 되찾고, 섬의 전통문화나 아름다운 자연을 활용한 현대 미술을 통해 세토내해의 매력을 세계에 알리자는 취지로 만들어진 예술제이며, 그렇기 때문에 세계의 유명 예술가들 또한 지역 주민들과 함께 작품을 제작한다는 특징이 있다. 비록 조그마한 섬 여러 곳에서 하는, 교통편이 너무나 불편한 예술제이지만 2016년 제 3회 예술제에서는 누적 관광객 수가 약 107만 명이라고 하니, 이정도면 이탈리아에서 열리는 베네치아 비엔날레에 버금갈 만 하다고 말할 수 있지 않을까.

이번 세토내해의 여러 섬을 돌아다니면서 각 섬의 매력을 듬뿍 느낄 수 있었다. 그 중 나오시마는 실제로 베넷세 아트 사이트 나오시마의 중심이 되는 섬이기도 한데, 그 섬들의 매력을 모아서 만들어 놓은 요약본과 같은 느낌이었다. 예술제가 열리지 않는 시즌에 방문해도 이렇게 감동을 받았는데, 다음번 2019년 제4회 세토우치 국제 예술제 때는 어떤 작품들이 나에게 신선함을 선사해줄까. 다음 트리엔날레 개최 때는 나오시마를 너무나 사랑하는 내 리투아니아 친구와 함께 방문해서 새롭게, 혼자가 아닌 둘이서 섬의 자연과 예술들을 느끼고 싶다.

---

2 Triennale. 3년에 한 번 열리는 국제적인 미술전을 이른다.

참
고
문
헌

땅 안에 박혀있는 신비로운 공간, 지추 미술관

www.facebook.com/archifeeld/posts/1035392023176288

benesse-artsite.jp/art/chichu.html

ja.wikipedia.org/wiki/%E5%9C%B0%E4%B8%AD%E7%BE%8E%E8%A1%93%E9%A4%A8

이우환과 안도 다다오가 함께 어우러진, 이우환 미술관

benesse-artsite.jp/art/lee-ufan.html

ja.wikipedia.org/wiki/%E6%9D%8E%E7%A6%B9%E7%85%A5%E7%BE%8E%E8%A1%93%E9%A4%A8

leeyonggeun.com/archives/27451

archirecords.com/blog-entry-75.html

article.joins.com/news/blognews/article.asp?listid=13709753

나오시마의 중심이 되는, 베넷세 하우스

benesse-artsite.jp/art/benessehouse-museum.html

ja.wikipedia.org/wiki/%E3%83%99%E3%83%8D%E3%83%83%E3%82%BB%E3%83%8F%E3%82%A6%E3%82%B9

www.japanhoppers.com/ko/shikoku/naoshima/kanko/273

likejp.com/1531

바다를 향해 완전히 오픈된, 바다의 역 나오시마

www.shikoku.gr.jp/spot/244

www.town.naoshima.lg.jp/about_naoshima/shisetsu/seastation.html

archirecords.com/blog-entry-71.htm

바다를 향한 기하학적인 오브제, 나오시마 파빌리온

tokyodesignweek.jp/designboom/art/006570.html

setouchi-artfest.jp/ko/artworks-artists/artworks/naoshima/99.html

옛것을 새로이 재해석한, 나오시마 이에 프로젝트

benesse-artsite.jp/art/arthouse.html

예술과 건축의 섬들을 만든, 베넷세 아트 사이트 나오시마

benesse-artsite.jp/about/history.html

| 참고문헌 | ja.wikipedia.org/wiki/%E3%83%99%E3%83%8D%E3%83%83%E3%82%BB%E3%82%A2%E3%83%BC%E3%83%88%E3%82%B5%E3%82%A4%E3%83%88%E7%9B%B4%E5%B3%B6 |
| | ja.wikipedia.org/wiki/%E7%80%AC%E6%88%B8%E5%86%85%E5%9B%BD%E9%9A%9B%E8%8A%B8%E8%A1%93%E7%A5%AD |

-7-
테시마, 이누지마

てしま

いぬじま

이번 편에는 테시마와 이누지마, 그리고 카가와 현 안에 있는 건축물에 대해서 알아보고자 한다.

테시마와 이누지마를 하루 안에 보기 위해서는 계획을 철저히 짤 필요가 있었다. 조금이라도 일정이 틀어지면 한 쪽을 갈 수 없는 무서운 상황이 벌어지기 때문이다. 만약 하루에 두 섬을 다 돌 예정이면 이번 글에 주목하자. 먼저 테시마를 가기 위해 아침 일찍부터 부지런히 일어나 7시 41분 고속유람선을 타야만 했다. 아침에 굉장히 약한 나이지만, 멋진 건축물과 예술이 기다리고 있다는 사실에 꾸역꾸역 고속 유람선에 몸을 실었다.

테시마 '이에우라 항(家浦港)'에 도착한 시간은 오전 8시 16분, 평소 오후에 기상하는 나라면 한창 자고 있을 시간이다. 그러나 12시 반에 이누지마로 향하는 고속선을 또 타야하는 과제가 있던 나에게는 '8시에 도착했다'라는 것보다 '4시간밖에 없다'라는 생각이 더 강했다. 보고 싶은 건축물이나 전시가 이에우라 항에서 정반대 방향에 위치한 카라토 항(唐櫃港)에 밀집해 있기에 나오시마에서처럼 렌탈 자전거를 빌려 서둘러 달렸다.

자연과 함께 하는 잊지 못할,
테시마 미술관(豊島美術館)

위치
카가와 현 쇼즈 군 토노쇼쵸 테시마카라토 607(香川県小豆郡土庄町豊島唐櫃607)

설계
니시자와 류에 건축 설계 사무소(西沢立衛建築設計事務所)

준공
2010년

이에우라 항에서 자전거를 타고 약 20~30분 거리에 있는 테시마 미술관. 그냥 아무 생각 없이 자전거 페달을 밟으며 자연을 느끼면 왼편에는 넓은 바다가, 오른편에는 광활한 계단식 밭이 펼쳐진다. 이런 조그마한 섬 안에 계단식 밭이 있다는 사실에 감탄하면서 달리다보면 하얀색 물체가 나타나는데 그게 바로 테시마 미술관이다. 테시마 미술관은 자고로 '고요함'이 생명이라던 지인들의 말에 따라, 10시 개관 시간에 맞춰서 테시마 미술관을 방문했고, 방문객 중 제일 먼저 입장권을 손에 넣을 수 있었다.

테시마 미술관의 설계는 프리츠커 상을 받은 건축가 듀오로 유명한

SANAA의 니시자와 류에(西沢立衛)가 담당했다. 외부에서 미술관 건물들을 보면 물 한 방울이 지상에 떨어진 순간을 포착한 듯한 모양을 상상하게 만든다. 본 전시관은 40m x 60m의 넓이에 최고 높이 4.5m인 콘크리트 셸 구조의 미술관이다. 생각보다 넓은 전시관이지만 안에 들어가면 기둥 하나 없고 천장에 2개의 창을 통해 주변의 자연을 직접적으로 느낄 수 있다. 미술관 안에는 조각가 나이토 레이(内藤礼)의 '모형(母型)'이라는 작품이 상설 전시되어 있다. 이 전시는 한 단어로 설명하면 하루 종일 물이 솟아나오는 '샘'과 같다. 그리고 2개의 창으로부터 들어오는 바람, 새들의 지저귀는 소리, 가끔씩은 비나 눈, 곤충들이 들어오고, 관람객들은 그런 자연을 하염없이 바라보는 전시이다. 감상하는 방법은 조용하다 못해 고요한 공간에 몸을 놓고 주변 환경과 시간의 경과에 몸을 맡기면 된다.

공허한 테시마 미술관에 한발 내딛었을 때, 나는 충격을 넘어서서 아무런 생각이 들지 않았다. 미술관 내부는 말 그대로 '무(無)'의 세계였다. 아쉽게도 내부 사진 촬영은 금지라 사진으로 남길 수는 없었지만, 혼자였기에 느낄 수 있었던 평화로움과 고요함은 잊을 수가 없다. 미술관의 구조 특성상 새소리나 사람들이 이야기하는 모든 소리가 잘 울렸기에, 자연의 소리를 듬뿍 담은 그릇과 같았다. 나는 한동안 미술관 바닥에 주저앉아 자연을 바라보았다. 그리고 바닥에서 물방울이 여기저기로 나왔다가 흘러가 모이는 모습을 보고 각 물방울의 도착지를 알기 위해 물방울의 여행을 뒤쫓아가기도 했다. 전시는 자연 그 자체였고 나는 그 전시의 일부가 되어 있던 순간이었다. 그렇게 전시를 아무 말없이 지켜보니 1시간이라는 긴 시간 동안 자연과 함께 하고 있었다.

미술관을 벗어나면 더 이상 전시를 볼 수 없다는 생각에 뮤지엄 샵에서라도 사진을 찍고, 기념품을 10만 원어치나 구매했다. 보통 미술관에 가면 5만 원 선에서 기념품 쇼핑이 끝나지만 테시마 미술관에서만큼은 돈을 아끼고 싶지 않았다. 도록을 통해서라도 꼭 기억하고 싶은 미술관이었기 때문이다. 그렇지만 아쉬움은 끝도 없었고 결국 매표소 직원에게 뜬금없이 '다시 돌아오겠다'는 뜬금없는 말을 내뱉었다. 그만큼 아쉬움의 감정이 컸던 것이다. 직원은 이런 생뚱맞은 말에도 내 감정을 이해한 것인지 '꼭 다시 와주세요'라고 웃으면서 말해주셨고, 다시 언젠가 꼭 만날 테시마 미술관과 상냥한 직원을 뒤로 했다.

테시마 미술관의 기념품샵

바닷소리와 함께 듣는,
심장음 아카이브(心臓音のアーカイブ)

위치
카가와 현 쇼즈 군 토노쇼쵸 테시마카라토 2801-1(香川県小豆郡土庄町豊島唐櫃2801-1)

테시마 미술관에서 감동을 한아름 안고 향한 다음 목적지는 테시마 섬 끝 자락에 있는 '심장음 아카이브'. '테시마에 가게 되면 내 심장 소리를 꼭 찾아 줘'라고 말하던 리투아니아 친구를 생각하면서 서둘러 그곳으로 향했다. 해안가 모래사장과 어우러진 건물은 딱히 특징이라고는 찾아볼 수 없는 평범한 나무집이었다. 그곳에서는 어떤 멋진 일이 일어나고 있을까. 테시마 미술관의 감동이 끝나지 않은 나였지만, 새로운 감동을 느끼기 위해 문을 박차고 들어갔다.

전시는 프랑스 아티스트인 크리스티앙 볼탕스키(Christian Boltanski)의 작품으로, 사람들이 살아가는 증거로 2008년부터 다양한 나라의 다양한 사람들의 '심장 소리'를 녹음하여 그 소리를 전시하는 공간을 이용한 일종의 설치 예술이다. 실제로 한국에서도 전시를 한 적이 있다고 한다. 그 당시에 녹음된 심장 소리도 많으니 한국 사람들을 찾아보는 것도 하나의 재미일 것이다. 하트 룸, 레코딩 룸, 리스닝 룸의 총 세 개 공간으로 이루어져 있다. 그 중에서 하트 룸은 오롯이 심장 소리에만 집중할 수 있도록 어두운 공간에서

전시를 하기 때문에 폐쇄 공포증이 있는 사람에게는 다소 무서운 전시일 수
도 있을 것 같다.

입장료와 별도로 1,540 엔을 내면 레코딩 룸에서 자신의 심장 소리를 녹
음할 수 있다. 직원분의 친절한 설명을 바탕으로 자신의 심장 소리를 녹음
하면 다음 공간은 리스닝 룸. 여러 곳에서 녹음된 여러 사람들의 심장 소리
를 들을 수 있다. 만약 친구나 지인이 심장 소리를 녹음한 적이 있다면, 그
사람의 심장 소리를 찾아 들어보는 것도 특별한 경험이 될 것 같다. 나 또한
리투아니아 친구의 심장 소리를 들으며 그녀가 적은 'It does not mean that
I am alive(그것은 내가 살아 있다는 것을 의미하지 않는다.)'라는 글귀를
보고 그 당시 친구는 어떤 생각을 했을까 나 또한 곰곰이 생각할 수 있었다.

이 글을 읽고 심장음 아카이브에 방문하게 되면 'Dakyung Lee'라고 검색
한 뒤 나의 심장 소리와 내가 적은 글을 체험해 보는 것도 좋을 것이다. 당시

테시마에서 느꼈던 모든 감정이 고스란히 내 심장 소리에 담겨 있을 것이다.

심장음 아카이브까지 보고 온 나는, 12시 반 이누지마로 가는 페리를 타기 위해 자전거를 빌렸던 주유소로 급하게 돌아가 자전거를 반납했다. '지금 자전거 반납하는 거 보니 이누지마에 가려고 하는구나!'라고 말하는 테시마의 주민들은 이미 관광객의 루트를 파악한 모양이었다. 주유소 아저씨의 따뜻한 배웅을 뒤로 하고, 12시 반까지 약 30분이 남은 상황에서 카가와에서 사온 삼각김밥으로 간단하게 요기를 한 뒤 다시 고속선에 몸을 싣고 조그마한 이누지마로 향했다. 참고로 테시마와 이누지마에는 편의점이 없으므로, 출발하기 전에 타카마츠 항에서 점심거리나 간단한 간식을 편의점에서 구매하는 것이 좋다.

폐허된 건축물을 예술로 승화한, 이누지마 제련소 미술관(犬島精鍊所美術館)

위치
오카야마 현 오카야마 시 히가시 구 이누지마 327-5(岡山県岡山市東区犬島327-5)
설계
산부이치 히로시(三分一博志)
준공
2008년

 낮 1시쯤 이누지마에 도착하자마자 전체 매표소에 들어가 테시마로 돌아가는 15시 20분 선박 티켓과 '이누지마 제련소 + 이에 프로젝트' 티켓을 샀다. 섬에서의 체류 시간은 대략 2시간 정도지만 1시간이면 섬 전체를 돌고도 충분히 남는다는 이누지마. '정말 얼마나 천천히 볼 수 있을까, 작은 섬에 볼 전시는 있을까'라는 의구심을 품으면서 첫 번째 목적지인 이누지마 제련소로 향했다.

 이누지마 매표소에서 모든 표를 사고 길을 따라 천천히 걷다 보면 옛 건축물의 잔재가 눈에 띈다. 그 전에 제련소의 커다란 굴뚝을 보아도 미술관의 위치를 대략적으로 가늠할 수 있지만, 이 잔재를 보면 미술관이 부쩍 가까워졌다는 것을 알 수 있다. 원래 이누지마에는 1900년대 초반까지 구리 제련소가 있었는데, 구리 가격의 폭락으로 10년 만에 문을 닫게 되었다. 그리고 이 자리에 산업 폐기장이 세워지려고 했지만 현대미술 작가인 '야나기 유키노리(柳幸典)'가 폐허된 곳에 새로운 예술을 꽃피우게 하고 싶다는 일념 하에 섬을 매입했다. 그리고 건축가 산부이치 히로시(三分一 博

志)와 협업하여 기존에 존재하는 것을 활용해 없는 것을 만들어낸다는 컨셉으로 미술관을 설계해, 문화유산과 건축과 예술 그리고 환경이라는 모든 요소가 순환하는 듯한 느낌을 준다. 그 목표 덕분에 기존에 있던 굴뚝이나 벽돌과 자연 에너지를 이용해 환경에 부담이 가지 않는 미술관으로 재탄생시켰다. 내부의 작품은 야나기 유키노리의 작품으로, 일본의 유명한 소설가 '미시마 유키오(三島由紀夫)'를 모티브로 해 건축 공간에 어울리는 전시를 하고 있다. 긴 시간동안 건축가와 작가가 협업을 했기에 전시 또한 완벽해졌고, 이것을 계기로 제련소는 2011년 일본 건축대상 및 건축 학회상을 수상할 수 있었다.

미술관에 도착하고 각 전시실마다 스태프들이 설명을 해준 다음, 미술관 안 여러 전시실로 나아갔다. 나는 혼자 여행하는 중이라 1대1 대응이 되어 참으로 어색한 시간이었지만, 제련소에 설치된 모든 작품은 최대한 감각을

곤두세워야 비로소 참뜻을 알 수 있는 전시들이 많아 절로 설명에 집중하게 되었다. 시각과 청각을 전부 곤두세우게 만들던 이 전시들은, 미술관 내부에서 바깥 굴뚝을 바라볼 때 이 건물이 폐허가 된 구리제련소에서 만들어졌다고 다시금 깨닫게 해준다. 폐허된 건축물을 이렇게 재생시키다니. 나라면 절대 이런 발상을 못 할 것이라고 생각할 때 즈음에 나타나는 광활한 자연. 비록 겉모습은 비루한 굴뚝이 세워져있고 벽돌의 잔재가 바닥에 넓게 깔린 투박할 폐허일 뿐이었지만 미술관 안으로 들어가면 멋진 예술 작품이, 다시 제련소를 나왔을 때는 폐허가 아닌 새로운 건축물이, 그리고 드넓은 자연이 나를 맞이했다. 이렇게 이누지마 제련소 미술관은 나에게 건축과 예술, 자연의 새로운 협업이라는 신선한 가치관을 제공해주었다.

옛것을 새로이 재해석한,
이누지마 이에 프로젝트(犬島「家プロジェクト」)

위치
오카야마 현 오카야마 시 히가시 구 이누지마(岡山県岡山市東区犬島)

제련소에서 나와 뒷길까지 연결된 길에서 가벼운 산책을 즐기고 나니 약
오후 2시, 이에 프로젝트를 즐길 시간이 1시간 정도 남아있었다. 이누지마
에도 나오시마와 마찬가지로 오래된 민가를 다양한 소재로 보수해 작품으
로 새롭게 선보인 '이에 프로젝트'가 있다. 이누지마 이에 프로젝트의 테마
는 일상 속의 아름다운 풍경이나 작품 저편에서 펼쳐지는 자연을 느낄 수 있
도록 하는 것으로, 나오시마의 테마인 '마을 사람들과의 교류'와는 사뭇 다
른 느낌이다. 이곳에는 'A저택', 'C저택', 'F저택', 'S저택', 'I저택' 등 5개의 갤
러리와 조그마한 휴게소인 '나카노타니 휴식소(中の谷東屋)'의 작품들이
이누시마 내에 산재되어 있다. 민가의 재료를 재활용한 갤러리도 있었고 투
명한 아크릴 등으로 주변의 풍경과 어울리는 재료를 사용해 섬의 풍경과 일
체화되는 것도 있었다.

나오시마 이에 프로젝트에서 안도 다다오를 빼고 얘기할 수 없듯, 이누지
마 이에 프로젝트도 프리츠커 상을 받은 건축가 듀오 SANAA의 세지마 카
즈요(妹島和世)의 협업 없이는 탄생하지 못했을 것이다. 그녀가 갤러리에

이에 프로젝트 중 F 저택

새로운 공간을 창출해내면, 여러 작가들이 그 공간에 이누지마의 새로운 모습을 그린다. 이것 또한 이누지마 제련소 미술관처럼 또다른 건축과 예술의 협업을 이루어내고 있었다.

이에 프로젝트 중 A 저택

세지마 카즈요가 설계한 '나카노타니 휴식소(中の 谷東屋)'

이에 프로젝트를 넘어서 이누지마의 전체적인 인상으로는 건축과 자연이 한 곳에 어우러지고 있다는 점이었다. 나오시마나 테시마에 비해 섬이 거대해서 하루종일 만끽하지 못한 느낌이었지만, 이누지마는 천천히 둘러보면서 투박한 건축과 자연을 오롯이 느낄 수 있어서 다른 곳에 비해 더 정감이 가는 동네였다. 이누지마의 '건축, 예술, 자연'이 삼위일체를 이루고 있었다. 나는 그렇게 마음 한 켠에 이누지마의 추억을 담고 돌아왔다.

이거야말로 일본 근대건축이라고 할 수 있는, 카가와 현청(香川県庁)의 동관

위치
카가와 현 타카마츠 시 반쵸 4-1-10(香川県高松市番町4-1-10)
설계
단게 겐조(丹下健三)
준공
1958년

    카가와의 게스트하우스에 체크인을 하고 있을 때, '카가와에 단게 겐조 건축물이 3개나 있어!' 라고 게스트 하우스 주인이 나에게 얘기해주셨다. 일본 근대 건축, 하면 빠질 수 없는 건축가 단게 겐조의 작품을 모두 보고 싶었지만, 각각 멀리 떨어져 있는 3개의 건축물을 다 방문할 시간은 없었기에 카가와 현청과 카가와 체육관[1], 2개만을 방문했다. 그중에서도 카가와 현청은 일본 건축 여행에서 가장 감명 받은 건축물 중 하나였다. 단게 겐조의 초기 걸작으로 유명한 작품, 나의 초심이었던 건축가가 지은 초기 작품이라는 점에서도 마음이 흔들렸다.

    지금은 동관이 되어버린 본래의 카가와 현청은 단게 겐조의 1950년대 건축물 중 하나로, 일본 공공건축 100선에 선정될 만큼 일본 근대건축에서 중요한 작품이다. 현청의 파사드는 일본 전통의 들보[2]의 특징을 살려 당시 건축기술의 한계를 맞닥뜨리면서까지 최대한 섬세하게 표현하려고 했다. 현

---

1 '카가와 체육관'은 현재 폐업한 상태로, 언제 철거될지 모르는 상황이기 때문에 만약 방문하려면 꼭 미리 확인하고 방문하기를 권한다.
2 2개의 대들보와 그 사이에 배치된 가는 들보들

청 설계에 앞서 카가와 지사였던 카네코 마사노리(金子 正則)가 마루가메
시 출신의 유명한 서양화가였던 이노쿠마 켄이치로(猪熊 弦一郞)에게 단
게 겐조를 소개 받았다. 카네코 지사는 단게의 사교성과 사고력, 미적 의식
과 의욕이 강한 그의 모습에 깊이 공감을 하고 '민주주의 시대에 상응하는
현청을 만들어줬으면 한다'라고 의뢰했다. 단게는 그가 존경해 온 건축가
'르 코르뷔지에'의 근대건축 5원칙[3]을 반영한 설계안을 들고 갔고 그 설계안
으로 지금의 현청 모습이 탄생했다. 단게는 현청이 사람들에게 언제나 열려
있는 공간이라는 점을 준공식에서 몇 번이고 강조했다고 한다.

　밤에 보러 갔기 때문에 현청은 이미 문을 닫았고 보수 공사가 한창이어서
'열린 공간'으로서의 현청은 제대로 느낄 수 없었다. 하지만 현청의 아름다

---

3 필로티, 옥상정원, 자유로운 평면, 자유로운 파사드, 수평으로 긴 창

움을 사진으로 남기기 위해 그 밑에서 사진을 찍어보니 단게 겐조가 르 코르뷔지에를 얼마나 존경했는지, 그의 근대 건축 철학이 가득 담겨 있는 사진 한 장을 얻을 수 있었다. 실제로 내가 SNS에 올린 사진을 보고 많은 친구들이 일본 근대 건축물이 이렇게 멋진 거냐고 말하는거 보니, 많은 사람들에게 일본 건축의 멋짐을 알린 것 같아 괜시리 뿌듯해졌다.

세계적인 화가를 위한 현대 미술관, 마루가메 시 이노쿠마 켄이치로 현대 미술관 (丸亀市猪熊弦一郎現代美術館 / MIMOCA)

위치
카가와 현 마루가메 시 하마마치 80-1(香川県丸亀市浜町80-1)

설계
타니구치 요시오(谷口吉生)

준공
2008년

오사카로 넘어가는 날, 고속버스를 타기까지 시간이 얼마 남지 않은 상황에서 나는 카가와 현 안에 있는 건축물을 탐방하기로 했다. 그중에서 타카마츠 역에서 JR산요선(山陽線)으로 약 30분 거리에 위치한 마루가메 역에서 내리면 눈앞에 바로 보이는 이 미술관에 먼저 방문했다. 누가 봐도 '저는 타니구치 요시오가 설계한 건축물입니다'라는 느낌의 미술관이었다. 카가와 현청에서도 등장했던 마루가메 시의 유명한 서양화가인 '이노쿠마 켄이치로'를 위한 미술관이다.

이 미술관은 '건축의 모양을 배경과의 관계로부터 생각한다'라는 타니구

치 요시오의 건축적 특징이 잘 반영되어 있다. 역과 미술관의 관계성을 깊게 생각한 탓에 그가 설계한 다른 미술관보다 더욱더 심플한 모양이 되어버렸지만 말이다. 미술관 정면에 이노쿠마 겐이치로의 거대한 벽화인 '창조의 광장'이나 오브제들이 놓여있는 광장이 있고, 그 파사드는 역전 광장과 미술관을 부드럽게 연결하고 있다. 내부는 자연광이 잘 들어오는 개방적인 느낌으로, 1층부터 3층까지 물 흐르듯 계단으로 연결되어 있는데, 이 계단을 걸어 내려오면 타니구치 요시오의 심플한 특징을 느끼기 굉장히 좋다. 1층에는 접수대와 뮤지엄샵, 2층은 상설전시, 3층은 기획전시로 이루어져 있다. 작품 감상뿐만 아니라 예술에 대해서 많은 활동도 펼칠 수 있는 열린 공간이 있었기에, 정말 외적으로나 내적으로나 개방적인 공간이다 싶었다.

이 미술관을 설계할 때 타니구치 요시로와 이노쿠마는 같이 의논해가면

서 미술관을 설계했다고 한다. 그의 인터뷰에 따르면, 당시 굉장히 젊었던 타니구치가 이노쿠마의 작품을 수정액으로 고쳐가면서 벽화에 대한 설명을 했는데, 이런 당돌한 행동에도 당시 만 90세였던 이노쿠마는 당황하면서도 그의 요청을 다 받아줬다고 한다. 지금은 그 사건을 회상하면서 즐겁게 얘기를 나누고 있지만, 그 사건에 대한 후회와 감사를 잊지 않는 타니구치의 성격이 반영된, 그리고 이노쿠마의 배려심도 들어간 미술관이었다.

우동의 본고장,
카가와 현에서 체험하는 '우동 한 그릇'

　한국에서 고속도로를 이용할 때 항상 휴게소에 들러서 시켜 먹는 한 그릇의 '우동'. 우동이 일본 음식인 것은 물론 알고 있었지만 어떻게 우동이 생겨났는지에 대해서는 자세히 생각해 본 적이 없다. 일본 친구들에게 우동에 대해서 물어보면 '우동은 역시 카가와 현이지!'라고 대답한다. 직접 우동을 만드는 체험은 물론이거니와 우동을 테마로 한 버스나 택시 여행 등등, 오죽하면 카가와 현 스스로도 2011년부터 카가와 현을 '우동 현'이라고 부를 정도다. 이번 여행은 건축물이 주이지만 나는 위대(胃大)한 한국인이니 카가와 현까지 온 김에 우동에 대해서 조금 이해한 뒤 한 그릇 제대로 먹고 가려고 한다.

　우동은 중국 당나라로부터 홍법대사 구카이(弘法大師空海)가 직접 들고 온 밀가루 음식인 '곤돈(こんとん)'으로부터 유래했다는 설이 유력하다. '곤돈'의 발음은 우동으로, 형태는 면으로 일본식으로 변형되었다는 것이다. 자세한 역사에 대해서는 전해져 오는 바가 없지만, 일본에 우동이 상륙하고서 적어도 1000년 이상의 역사가 있고, 사람들에게 꾸준히 사랑받아왔다는 것은 기록에 남아있다. 그리고 현재의 우리가 아는 기다란 면을 가진 우동은 '에도 시대'에 만들어졌고, 전국적으로 우동이 보급되어 국민의 사랑을 받기 시작했다. 우동이 에도 시대에 발전한 것은 역사적으로 보았을 때 끊임없이 전쟁이 이어져 살기 위한 궁리를 해야 했던 전국시대(戰國時代)에 비해 상대적으로 평화로워서 식문화가 발전할 만큼 여유로웠기 때문이기도 하다.

일본의 지방마다 우동의 종류는 제각각이다. 군마 현의 '미즈사와(水沢) 우동', 아키타 현의 '이나니와(稲庭) 우동', 아이치 현의 '키시멘(きしめん)' 등등…. 하지만 그 중 단연코 제일 유명하고 대중적인 우동은 카가와 현의 '사누키[1] 우동' 일 것이다. 본래 카가와 현에서는 지리적 특성상 밀가루와 소금을 생산했는데, 이러한 조건은 우동 면을 만들기에 최적의 환경이었다. 그리고 세토내해 섬인 쇼도지마(小豆島)에서 만들어지는 간장이나 이부키지마(伊吹島)의 특산물인 건멸치를 사용해 면에 맞는 맛있는 육수 또한 만들 수 있던 것이다. 무엇보다 사누키 우동의 가장 큰 특징은 바로 수타로 제조된 탄력 있는 '면발'이다. 이 탄력. 우동 면을 입안에 넣을 때는 부드럽지만, 씹으면 씹을수록 느껴지는 면의 쫄깃함은 사누키 우동에서만 느껴지는 독특한 식감이고, 이 식감이야말로 일본 전국의 사람을 중독시킨 마성의 매력인 것이다.

사누키 우동의 면을 만들기 위해서는 여러 규칙[2]을 지킬 필요가 있다. 카가와 현 내에서 제조되고, 꼭 수타식으로 만들어야 하며, 물은 밀가루 중량의 40% 이상, 소금은 3% 이상, 숙성시간은 2시간 이상, 면을 익히는 시간은 약 15분 전후라는 엄격한 규율을 지켰을 때, 사누키 우동의 면이라고 칭할 수 있게 되는 것이다. 이런 까다로운 절차를 꼭 지켜야 하나 싶지만 이런 규율을 지키고 있기에 일본 전국에서 우동으로 1위를 차지할 수 있던 것 아닐까. 경이로운 우동 장인에게 박수를 보낸다.

카가와의 우동 전문점에는 크게 2가지가 있다. 첫 번째로는 일반적인 레스토랑과 같은 방법으로, 손님이 자리에 앉은 뒤 메뉴를 보고 주문을 하는 방법이다. 주문을 하면 직원이 갓 만든 우동을 자리까지 들고 와주는

1 사누키(讃岐)란, 카가와 현의 옛이름이다.
2 생면류 표시에 관한 공정경쟁규약 및 시행규칙(生めん類の表示に関する公正競争規約及び施行規則)

지극히 평범한 식당이다. 그리고 다음 방법은 카가와에서 느낄 수 있는 '셀프 우동' 형식 방법이다. 직원이 면은 데워 주지만, 손님 자신이 원하는 방법대로 여러 조미료(파, 생강, 튀김부스러기 등)을 직접 추가하고 그 위에 육수를 부어 먹는 방식이다. 이러한 셀프형식은 직원을 고용하는 인건비도 줄일 뿐만 아니라, 손님이 직접 원하는 맛을 만들어 낼 수 있기 때문에 손님의 편의 면에서

도 이득이지 않나 싶다. 카가와 현까지 우동을 먹으러 간 김에 카가와 현의 자랑이기도 한 셀프 레스토랑에서 우동을 만들어서 먹어 보자. 우동 육수의

진정한 맛을 느껴보고 싶으면 '카케우동(かけうどん)'을, 사누키 우동의 대표적인 먹는 방법인 '붓카케우동(ぶっかけうどん)'을, 달걀을 이용한 부드러운 우동을 맛보고 싶으면 '츠키미우동(月見うどん)'을, 양이 부족하다 싶으면 다양한 튀김류나 초밥류를 곁들이는 것을 추천한다.

미술관 건축의 대가,
타니구치 요시오

　이번에는 건축학도가 아닌 사람들에게 조금 생소할 수도 있는 일본 건축가에 대해서 소개해보고자 한다. 카가와에서 만난 미술관들을 지은 건축가 '타니구치 요시오(谷口吉生)'는 매스컴에 자주 등장하지 않고 자신의 작품을 강하게 어필하지도 않는, 신비주의와 작가주의를 겸비한 건축가이다. 건축물 현상설계에 직접 출품한 것도 손에 꼽는 그가 어떻게 일본의 최고 건축가 중 한 명으로 꼽히게 된 것일까.

　타니구치 요시오는 1960년 게이오기주쿠대학(慶應義塾大學) 기계공학과를 졸업해 엔지니어로 내정까지 받은 상황이었지만, 동경공업대의 교수였던 그의 아버지 타니구치 요시로의 연구실 부교수인 '세이케 키요시(清家清)'의 미국 건축 여행에 대해 우연찮게 이야기를 듣게 된다. '아버지도 유명한 건축가시니, 미국에서 건축을 공부해보는 건 어때'라는 세이케 건축가의 권유(사실은 아버지가 세이케 건축가에게 설득을 부탁했다고 한다.)에 설득된 타니구치 요시오는 취직을 포기하고 하버드 대학 건축대학원에 진학하게 되고, 5년간 건축 공부에만 매진했다. 대학원을 졸업한 그는 보스턴의 한 설계사무소에서 근무하던 중 미국에서 단게 겐조를 만나, 그 인연으로 1964년부터 동경대학 단게 겐조 연구실 및 그의 건축 연구소에서 근무를 하게 된다. 그리고 약 10년이 지나고 연구소를 그만 둔 그는 독립해 타니구치 요시오 건축 설계사무소를 설립하게 된다. 그리고 타니구치 요시오는 2001

년에 일본 건축 학회상, 2016년에 로마 피라네시 상[1]까지 수상할 정도로 아직까지 의욕과 실력이 넘치는 건축가로 왕성한 활동을 하고 있다.

타니구치 요시오의 건축물이라고 하면 단연코 '미술관 건축'이 먼저 떠오른다. 그의 첫 작품이자 미술관의 대가라는 명성을 갖게 해준 시세이도 아트 갤러리부터 뉴욕에 있는 근대 미술관 MoMA까지. 서울의 DDP처럼 화려하고 자극적인 모양의 건축물이 요즘 건축의 트렌드이지만, 타니구치 요시오는 그와 반대로 직선과 직각만을 이용하면서 오히려 단순한 건축물을 추구하고 있다. 곡선이 거의 존재하지 않는 그의 건축관은, 화려한 건축요소들을 절제하면서 건축물 자체의 존재감을 부각시키려고 하고 있다. 건축물은 일시적인 사회적 현상으로 스쳐 지나가는 것이 아닌, 50년이고 100년이고 자리를 지키고 있게 된다. 그렇기에 오히려 트렌드를 타지 않게끔 심플한 기하학을 이용함으로써 그의 건축물은 언제나 같은 자리에서 멋스러운 자태를 유지할 수 있는 것이다. 그리고 주어진 조건을 최대한 부지에 활용하는 것, 그것 또한 타니구치 건축의 특징이다. 위에서 언급한 마루가메에 있는 이누쿠마의 미술관 또한 역전 광장과 연결되는 광장을 만들어 거대한 광장이라는 개념을 창조해 냈다. 부지의 특성을 건축과 함께 활용함으로써 부지가 건축물과 함께 공존할 수 있다는 것이 그가 가지고 있는 그만의 철학이다. 결론적으로, 그의 건축물에는 기하학적인 도형을 어떻게 부지에 맞춰서 발전시켜가는가에 대한 고찰이 담겨있다.

타니구치의 작품은 뉴욕의 MoMA 외에는 예를 들어 도쿄 호류지 보물관, 카나자와 스즈키 대출관, 카가와의 미술관 등 모두 일본에 위치해있어, 나는 이번 여행 외에도 방문할 기회가 많았었다. 매번 다른 부지와 다른 소장품을

---

1 로마 피라네시 상(Piranesi Prix de Rome)이란 건축가 피라네시를 기리며 2010년에 만들어진 상으로, 뛰어난 건축으로 문화 유산에 지대한 영향을 끼친 사람에게 주는 상이다.

간직하고 있는 미술관 건축물이지만 그의 건축물은 언제나 항상 주위와 조화를 이루는 웅장한 모습으로 그곳에 있다. 건축의 형태적인 면보다 건축물 그 자체의 존재에 대해서 되물어보는 타니구치 요시오의 미술관들. 그러한 특성을 생각하니, 괜시리 그의 미술관들을 전부 돌아보고 싶다는 생각이 들었다. 일본 내에 있는 미술관 건축이라면 언제든지 가고 싶으면 갈 수 있지만, 뉴욕에 있는 MoMA를 실제로 볼 수 있을까. 기회가 된다면 언젠가 뉴욕에도 방문해서 타니구치의 미술관을 정복하고 싶은 마음이 강하게 들었다.

호류지 보물관

스즈키 다이세츠 기념관

참
고
문
헌

자연과 함께 하는 잊지 못할, 테시마 미술관

ko.wikipedia.org/wiki/%EC%9D%BC%EB%B3%B8%EC%9D%98_%EA%B1%B
0%ED%92%88_%EA%B2%BD%EC%A0%9C

benesse-artsite.jp/art/teshima-artmuseum.html

ja.wikipedia.org/wiki/%E8%B1%8A%E5%B3%B6%E7%BE%8E%E8%A1%93
%E9%A4%A8

바닷소리와 함께 듣는, 심장음 아카이브

benesse-artsite.jp/art/boltanski.html

폐허된 건축물을 예술로 승화한, 이누지마 제련소 미술관

archist.kr/138

benesse-artsite.jp/art/seirensho.html

ja.wikipedia.org/wiki/%E4%B8%89%E5%88%86%E4%B8%80%E5%8D%9A
%E5%BF%97

옛것을 새로이 재해석한, 이누지마 이에 프로젝트

benesse-artsite.jp/art/inujima-arthouse.html

archist.kr/138

archirecords.com/blog-entry-80.html

www.welcometojapan.or.kr/cms/tourwriter/7059

이거야말로 일본 근대건축이라고 할 수 있는, 카가와 현청의 동관

ja.wikipedia.org/wiki/%E9%A6%99%E5%B7%9D%E7%9C%8C%E5%BA%81
%E8%88%8E

세계적인 화가를 위한 현대 미술관, 마루가메 시 이노쿠마 켄이치로 현대 미술관

www.mimoca.org/ja/about/architecture

archirecords.com/blog-entry-146.html

우동의 본고장, 카가와 현에서 체험하는 '우동 한 그릇'

ja.wikipedia.org/wiki/%E9%A6%99%E5%B7%9D%E7%9C%8C#%E3%81%86
%E3%81%A9%E3%82%93%E7%9C%8C

ja.wikipedia.org/wiki/%E8%AE%83%E5%B2%90%E3%81%86%E3-
%81%A9%E3%82%93#%E3%82%BB%E3%83%AB%E3%83%95%E3%82%
B5%E3%83%BC%E3%83%93%E3%82%B9%E5%BA%97

www.my-kagawa.jp

ko.wikipedia.org/wiki/%EC%82%AC%EB%88%84%ED%82%A4_%EC%9A%B
0%EB%8F%99

food.chosun.com/site/data/html_dir/2015/12/23/2015122302812.html

www.tablemark.co.jp/udon/udon-univ/lecture01

terms.naver.com/entry.nhn?docId=2094369&cid=42717&categoryId=42718

www.my-kagawa.jp/udon/feature/sanukiudon/TOP

menki.co.jp/sanuki/self-service-shop

bakuka-udon.com/opinion.html

www.hanamaruudon.com/about/history

www.udon-genshou.com/original6.html

미술관 건축의 대가, 타니구치 요시오

ja.wikipedia.org/wiki/%E8%B0%B7%E5%8F%A3%E5%90%89%E7%94%9F

top.tsite.jp/lifestyle/interior/i/25975410/index

inaxreport.info/data/IR183/IR183_p17-35.pdf

lnx.premiopiranesi.net/project/2016-yoshio-taniguchi

www.hani.co.kr/arti/culture/culture_general/663302.html

www.nikkei.com/article/DGXLASDG19H1I_Z10C16A3CR8000

www.auric.or.kr/dordocs/cart_rdoc2_.asp?db=CMAG&dn=170423

-8-

히로시마
ひろしま

1945년 8월 6일, 인류 첫 원자 폭탄 투하의 비극을 안고 있는 도시, 그렇기에 누구보다 '평화'라는 단어를 앞세워가며 직접 실천해 나가는 도시. 히로시마는 과거의 아픔을 치유하기 위해서 다른 어느 도시들보다 열심히 살아가는 도시였다. 그렇기에 나 또한 최대한 그들이 전하는 비극을 최대한 받아들이려고 노력했다. 전체적으로 건축과 도시가 수수하다는 인상을 받았지만, 그래서 더욱 매력적인 도시였다.

저녁 6시, 나는 히로시마 행 고속 버스를 타기 위해 도쿄 역에서 간단히 저녁을 때우며 앞으로의 여행에 대해 간단히 정리를 해보았다. 먼저 히로시마까지는 도쿄에서 고속 버스로 쉬지 않고 달리면 대략 13시간 정도 걸린다. '이 정도 시간이면 돈 조금 더 주고 비행기 탈 걸'하고 후회하면서도 마지막 마음의 준비를 하고 버스에 몸을 실었지만, 13시간 동안 버스를 타고 있는 것은 정말 고역이었다. 길고 길었던 13시간의 여정이 끝나고 처음 발을 내딛는 히로시마에서는 어떤 건물들이 나를 반겨줄까. 두근거리는 마음을 붙잡고 히로시마로 건축 여행을 떠났다.

히로시마 시내를 바라보고 있는, 히로시마 현대 미술관(広島現代美術館)

위치
히로시마 현 히로시마 시 미나미 구 히지야마공원 1-1(広島県広島市南区比治山公園1-1)

설계
쿠로카와 키쇼 건축, 도시설계사무소, 히로시마시 도시 정비국

준공
1988년

　고속버스 때문에 피곤한 하루였지만 히로시마 건축 여행의 첫 작품으로 꼽은 히로시마 현대 미술관. 히로시마 관광지 시내에서 가장 멀리 떨어져 있는 건축물이기에 아침 일찍부터 부지런히 이동했다. 히로시마 역(広島駅)에서 일본에서 보기 드문 노면전차(트램), 히로덴(広電) 5번 노선을 타고 약 15분, 히지야마시타(比治山下)에서 내렸다. 역에서 현대 미술관까지 가기 위해서는 도보 이외의 가는 방법은 없었기에 20분 정도의 산행을 감행했다. 능선 위에 나타난 현대 미술관의 모습에 감탄하면서 사진을 찍고 있으니 현지 할아버지께서 가이드를 자청해주셔서 근처의 많은 장소들을 안내받을 수 있었다. 히로시마의 야구팀 '도요 카프'의 홈구장이 한눈에 내려다보이는 히로시마 절경 스팟부터, 시간이 없어서 방문하지 못한 히로시마 시 만화 도서관, 그리고 실제로 현지인들만 안다는 현대 미술관 뒷길까지… 혹여나 빠뜨린 곳 없나 거듭 공원 지도를 보면서 설명해주시던 일본인 할아버지의 친절함을 평생 잊지 못할 것이다.

　히로시마 현대 미술관은 벚꽃 명소로도 유명한 히지야마(比治山) 공원

내부에 위치하고 있다. 이 미술관은 히로시마 성이 지어지고 난 400년 후인 1989년 5월 3일에 개관했고, 세계 2차 대전 이후 일본 내에 지어진 최초의 현대 미술관이다. 설계는 앞에서도 많이 언급되었던 쿠로카와 키쇼의 작품이다. 고대 유럽의 광장을 연상하게 만드는 원형의 미술관 입구와 함께 일본의 전통적인 건물들을 연상하게 만드는 박공지붕이 조화롭게 어우러져 있다. 원형 광장을 중심으로 오른편은 상설전시동, 왼편은 기획전시동으로 나뉘어져 있고, 원형 광장으로 들어가기 위한 조그마한 틈새는 과거 원폭이 일어났던 시내를 향해 펼쳐져 있다. 건물의 소재는 지면으로부터 순서대로 자연에서 나온 돌, 모양을 다듬은 돌, 타일, 알루미늄을 사용해 자연에서 현대적인 소재로 서서히 변화하는 것을 볼 수 있다. 원형 광장을 지탱하는 기둥 밑의 받침돌들은 원폭 당시에 피폭된 돌들을 사용하고 있다. 개인적으로는 히로시마 시내를 묵묵히 바라보고 있는 엄마같은 존재, 그리고 히로시마 시민들의 따뜻한 감성도 느낄 수 있던 건축물로 평생 기억될 것 같다.

살짝 벌려진 틈새가 원폭 지점을 향해 있다.

히로시마를 넘어서 세계 평화의 상징인,
히로시마 평화 기념 공원(広島平和記念公園)

위치
히로시마 현 히로시마 시 나카 구 나카지마쵸 1-2(広島県広島市中区中島町1-2)
설계
단게 겐조

준공
1952년

　히로시마 현대 미술관에서 히로시마에서 가장 중요한 관광지인 '히로시마 평화 공원'까지 가는 교통 수단이 마땅치 않았기에, 평화 오오도오리(平和大通り, 평화대로)를 통해 목적지까지 걸어가기로 했다. 빌딩숲과 강 사이를 걷고 또 걸으면 20분 정도 만에 나오는 히로시마 평화 공원. 무참하게 철골만 남은 원폭 돔이 한눈에 바로 보이는 그 공원에서 원폭 당시의 처참함을 생각해보니 마음이 경건해지는 느낌이었다. 그러나 한편으로는 '그 유명한 단게 겐조의 작품을 눈앞에서 바로 볼 수 있다니'라는 건축학도로서의 순수한 두근거림도 멈출 수 없었다.

　공원이 지어진 이유를 알기 위해 '히로시마 평화 기념도시 건설법(広島平和記念都市建設法)'에 대해서 짚어보고 가보자. 원자 폭탄으로 인해 폐허가 된 히로시마를 다시 부흥시키기 위해서는 엄청난 장애물들이 앞을 가로막고 있었다. 인구는 크게 감소했고, 대부분의 건물들이 파괴된 탓에 사람들에게 걷어야 할 세금이 적어져 재정상황이 극도로 악화되어 있었다. 그렇기 때문에 다음 해인 1946년에 히로시마 시는 일본에게 국유지의 양도 등 부흥을 위해 여러 요구 활동을 해왔지만, 전쟁의 피해를 입은 도시가 히로시마뿐만이 아니라는 이유로 계속 거절당했다. 그러나 헌법 제 95조에 의한 특별법, 특정 지방공공단체에만 적용되는 법률을 이용해 히로시마 시민들은 다양한 정치가들과 관계자들을 만나 그들을 설득하려고 갖가지 노력을 했다. 그들의 노력이 결국에는 통했는지, 특별 법안이 국회에 제출되고 1949년 5월에 의원들의 만장일치로 히로시마 평화 기념도시 건설법이 가결되었다. 이 특별법은 주민 투표로도 압도적인 찬성표가 많았기에 1949년 8월 6일(원자 폭탄 투하의 날, 그리고 평화 기념의 날)부터 시행되었다. 히로시마 평화 기념도시 건설법은 영구적인 평화를 실현하는 도시를 건설하자는 목적으로 7개의 조항으로 이루어져 있으며, 이 건설법을 바탕으로 가장 먼저 생겨난 작품이 바로 '히로시마 평화 기념 공원'이다.

히로시마 평화 공원 내의 기념비, 원폭 돔까지 시선이 뚫려 있다.

히로시마 평화 기념 공원은 원자 폭탄이 투하되고 나서 9년 뒤인 1954년에 완성되었다. 히로시마 기념 공원의 현상설계[1]에서 승리를 거머쥐고 자료관과 추모관 등을 포함한 모든 기본 계획을 설계한 것이 바로 단게 겐조이다. 당시 40대 초반이었던 단게는 건축가로서는 굉장히 젊은 나이에 그의 대표작이라고 불릴만한 어머어마한 설계를 하

---

1 합리적인 설계안을 얻을 목적으로 상을 걸고 많은 설계자를 경기에 참가시키는 방법으로 진행하는 설계이다.(네이버 국어사전 발췌)

게 된다. 과연 40대에 한 도시를 대표하게 되는 건축물을 지을 수 있는 건축가는 몇이나 있을까. 그는 폭 100m의 평화 오오도오리와 직각을 이루면서 원폭 돔으로 향하는 남북의 축을 설정해, 그 축 위로 피해자를 위한 위령비와 평화 기념 자료관을 계획했다. 그리고 자료관을 중심으로 양측에 2개의 건물을 지어서 또다른 동서 축을 만들었다. 이러한 확고한 축의 개념이 바로 단게가 이 현상설계에서 1등을 하게 해준 비결이 아닌가 싶다.

공원에 대해서 대략적인 이야기를 거쳤으니 이제 비로소 공원 안을 거닐어 보자. 그러면 눈에 띄는 것이 바로 '히로시마 평화 기념 자료관'과 '국립 히로시마 원폭 사망자 추억 평화 기념관'이다. 먼저 히로시마 평화 기념 자료관은 건축학도에게 '단게 겐조'하면 항상 떠오르는 작품이다. 평화 기념 자료관은 2006년 7월 5일, 2차 세계 대전 이후 건축물로는 처음 일본의 중요문화재로 지정되었다. 이 건물의 가장 눈에 띄는 특징은 전체적으로 건물이 공중으로 떠있는 '필로티'를 디자인 요소로 채택했다는 것이다. 이 필로티는 공원에서 단게가 설정한 '남북의 축'을 건물이 방해하지 않도록 건물을 전체적으로 띄우면서, 동시에 평화 오오도오리에서 원폭 돔으로 향하는 시선을 차단하지 않기 위한 설계이다. 그리고 단게는 기념관을 지으면서 일본 건축의 규모가 커질 것(거대화)을 예상해 '휴먼 스케일(human-scale)'를 초월한 '사회적 인간의 척도'를 주장했고, 실제로 필로티를 설계할 때 그 높이를 직접 설정한 사회적 인간의 척도인 6,498mm로 설정했다. 여러 면에서 어마어마한 필로티를 직접 눈으로 볼 수 있다는 기대감을 가지고 기념관을 방문했지만, 본관은 면진구조로 인한 보수 공사중이었고 2019년 봄에야 전체적인 건물을 감상할 수 있다고 한다. 필로티를 오롯이 볼 수 없다는 실망감은 이루 말할 수 없었지만, 이번 공사를 핑계삼아 다시 한 번 히로시마를 방

문하겠다는 큰 계획을 세웠다.

또다른 건물인 국립 히로시마 원폭 사망자 추억 평화 기념관은 원폭에 대한 경험을 후세에 계승하고 원폭에 대한 자료를 보존하기 위해 지어진 시설이다. 2002년 8월 1일에 일본의 '국립' 시설로서는 처음으로 히로시마 평화 기념 공원 내에 건설되었다. 원폭 사망자 추억 평화 기념관의 가장 큰 특징은, 공원 내 다른 시설과 다르게 지하에 위치하고 있다는 점이다. 전체적인 모양이 원통형으로 이루어진 이 시설은 입구에 들어서자마자 처음부터 경사를 타고 반시계 방향으로 내려가게끔 설계되어 있다. 벽에 빼곡히 새겨진 벽을 보며 현재에서 과거로 거슬러 간다는 의미인 이 경사를 내려가게 되면, 이 건물의 하이라이트인 평화 기념 및 사망자 추억 공간에 도착하게 된다. 수반(水盤)에서 나는 물의 소리와 탑라이트로부터 들어오는 희망의 빛으로 공간 전체에 엄숙함을 만들어내면서 자동적으로 입에서 '우와…'

하는 감탄의 소리가 나온다. 엄숙했던 공간을 나와 다시 현실로 돌아간다는 의도로 만들어진 '빛의 정원'을 지나면 지하 1층에 있는 원폭 체험기 열람실과 정보전시 코너로 이동하게 된다. 한 번의 방문만으로도 그 엄숙함을 잊지 못하게끔 뇌리에 박히는 공간을 만든 단계를 다시 한 번 존경하게 만드는 건축물이었다.

　여행을 통해서 느낀 히로시마는 진정한 평화를 위해 마을 전체가 활동하는 거대한 단체와 같았다. 그중에서도 히로시마 평화 공원은 히로시마 시민들이 활동하는 무대와 같은 존재였다고, 그렇게 믿을 것이다.

더 이상 전쟁 없는 세상을 바라는,
세계 평화 기념 성당(世界平和記念聖堂)

위치
히로시마 현 히로시마 시 나카 구 노보리쵸 4-42(広島県広島市中区幟町4-42)

설계
무라노·모리 건축사무소(村野·森建築事務所(村野藤吾))

준공
1954년

　일본에서 살게 되면 종교적인 장소로써 가톨릭 성당보다는 신사를 많이
접하게 된다. 메이지 신궁처럼 규모가 있는 신사부터 불단만 있는 마을의 조
그마한 신사까지. 신사는 일본인들의 삶과 직결된 존재지만, 가톨릭 성당은
삶에 가까운 존재라고 느끼지 않는다. 그렇게 생각해온 내가 이번 여행에서
가게 된 '세계 평화 기념 성당'. 한국에 있는 명동 성당처럼 말 그대로 '성당'
처럼 생겼을까, 아니면 굉장히 일본스러운 성당일까, 머릿속으로 여러 상상
을 하면서 '세계 평화 기념 성당'에 방문하게 되었다.

　성당은 히로시마 역에서 도보로 10분, 히로시마 성에서는 도보 약 20분
정도 거리에 위치해 있다. 지금의 세계 평화 기념 성당이 있는 부지에는 원
래 메이지 시대에 일본 양식으로 지어진 교회가 있었는데, 원폭으로 인해 사
라지게 되었다. 당시 독일인 사제였던 휴고 라살레(Hugo Makibi Enomiya
Lassalle)는 원폭 희생자를 기릴 뿐만 아니라 세계 평화를 기념하기 위한 성
당을 기존 성당과 같은 자리에 새로 건설하겠다고 결심하게 된다. 라살레
신부는 당시의 교황이었던 피오 12세를 만나기 위해 바티칸까지 직접 찾아

가 그의 성대한 결심을 말하였고 교황 또한 그의 결심을 지지했다. 또한 이러한 결심은 가톨릭 신자들을 비롯해 진심으로 세계 평화를 바라는 사람들의 연대를 불러일으켰고, 세계 각지로부터 많은 기부를 받아 세계 평화 기념성당을 지을 수 있게 되었다. 성당이 지어진 후 교황 요하네 파울로 2세가 1981년 2월 25일 히로시마와 이 성당에 들렸고, 세계 평화 기념 성당은 일본 국내에

서 로마 교황이 방문한 몇 안 되는 가톨릭 성당이 되었다. 2003년에는 도코모모 일본으로부터 일본의 모던 운동의 건축물로 선정되었고, 2006년 7월 5일 단게 겐조의 히로시마 평화 기념 자료관과 함께 2차 세계 대전 후 건축물로서는 처음으로 중요문화재로 지정되었다.

성당의 디자인은 현상설계를 통해 진행되었다. 라살레 신부는 성당의 설계 조건으로서 '①일본적인 요소를 넣으면서 모던하게 만들 것 ②성당의 외부와 내부는 반드시 종교적인 인상을 줄 것 ③기념비적인 장엄함을 가지고 있을 것'을 내걸었다. 성당의 설계자 '무라노 토고(村野藤吾)'는 본래 현상설계의 심사위원이었는데 심사 도중 라살레 신부의 성당에 대한 사명감과 비전을 듣고 감동한 나머지 마음이 바뀌어 성당을 직접 설계하고 싶다고 전했다. 현상설계를 예상 외의 전개로 뒤집은 만큼, 막중한 책임감과 비판을 끌어안은 무라노는 설계료를 받지 않았다고 한다.

성당은 중앙의 큰 복도와 양측의 작은 복도를 가지고 있는 삼랑식(三廊式)의 바실리카 형식이다. 외부에서 언뜻 보면 돌을 쌓아 튼튼하게 만든 투박한 형식의 로마네스크 양식으로도 보이고, 플라잉 버트레스[1]와 노출 콘크리트를 사용한 기둥 표현으로 수직적인 특징을 강조한 것을 보면 고딕 양식으로도 보인다. 쌓아올린 벽돌은 히로시마의 피폭된 모래를 사용해 회색 콘크리트 벽돌을 제작한 것이다. 벽돌을 쌓으면서 생긴 벽면의 요철은 햇빛 또는 벽돌 사이에 생기는 이끼 등에 따라 건축물의 인상이 변화한다. 그리고 성당 앞에 위치한 토리이(鳥居)[2]와 무지개 모양의 다리, 가톨릭의 7개의 비밀이 새겨져 있다는 교창(欄間)의 조각, 내부 돔 위쪽에 있는 봉황 모양의

조형물 등은 성당 내의 일본적인 요소를 자아내고 있다. 이 성당은 일본 건축에서 표현파를 대표하는 무라노 토고의 2차 세계대전 이후의 전환점이 된 작품으로, 전쟁 전부터 가지고 있던 그의 작품들을 포함하더라도 회심작으로 뽑힌다.

성당 안으로 들어가게 되면 바로 눈앞에 보이는 커다란 벽면에 '그리스도의 재림'이 모자이크 형식으로 장식되어 있다. 일반적인 교회나 성

---

1 서양 건축에서 건물 상부에 만들어진 볼트, 아치 또는 지붕이 받는 풍압에 의한 수평력의 일부를 전달하기 위해서 그 건물 외벽의 상부로부터, 옥외쪽에 세워진 버트레스(버팀벽)로 향해 건네진 아치형의 구조물(네이버 미술대사전 발췌)
2 보통 신사 입구에 세워져 있는 구조물로, 속세와 신성한 곳을 구분짓는 역할을 한다.

당에는 십자가나 그리스도의 부활상을 놓는 경우가 많지만, 세계 평화 기념 성당에는 특별한 이유가 담겨있다. 다른 곳보다 종말을 한발 먼저 경험한 히로시마에 세워진 기념 성당이기에, 세계 종말의 날을 나타내는 '그리스도의 재림'을 놓아 절망 속에서 피어나는 희망을 시사하고 있다. 그리고 스테인글라스를 통해 들어오는 빛 또한 성당 안쪽에 웅장함을 선사하고 있다. 원래는 평범한 유리가 박혀 있었지만, 세계각국으로부터 스테인글라스를 기증받아 지금의 신비로운 성당 모습이 될 수 있었다.

　직접 세계 평화 기념 성당을 방문했을 때 성당의 전체적인 보수 공사로 인해 본래의 신성한 모습을 볼 수 없었지만, 친절한 신도 분 덕에 성당 지하에 위치한 조그마한 예배당을 볼 수 있었다.(사람이 많은 미사의 경우는 본당을 사용하지만 사람이 적은 평일 미사의 경우는 지하 예배당을 이용한다고 한다.) 나는 그 분에게서 가톨릭의 시초부터 기념 성당이 지어진 배경, 그리고 외국어(영어, 베트남어, 포르투갈어, 스페인어)로 미사를 진행한다는 것까지 가톨릭과 기념 성당에 관한 거의 대부분의 이야기를 들을 수 있었다. 괜시리 그녀의 기도를 방해한 것이 아닌가라는 걱정도 했지만 행복한 표정으로 설명해주시는 신도 분을 보고, '히로시마 사람들은 이 성당을 통해서 진심을 다해 평화를 전도하고 있구나'라고 느낄 수 있었다. 이 책을 읽을지는 모르겠지만 이 책을 빌어서라도 다시 한 번 그 신도 분에게 진실된 감사의 말씀을 전하고 싶다.

원폭의 아픔을 그대로 남긴 원폭 돔,
히로시마 평화 기념비(広島平和記念碑)

위치
히로시마 현 히로시마 시 나카 구 오오테마치 1-10(広島県広島市中区大手町1丁目10)

히로시마 시내 중심부를 가로지르는 히로덴을 타고 '원폭 돔 앞 역(原爆ド一ム前駅)'에서 하차하면 바로 눈앞에 부서진 건물 한 채가 나타난다. 이 건물의 원래 용도는 히로시마 현 내의 상업을 촉진하기 위해 히로시마의 물건을 판매하는 물산 진열관이었고[1] 1915년 체코 건축가인 얀 렛트르(Jan Letzel)가 설계했다고 한다. 여담으로 이 건물의 설계비용은 4,575엔이었다고 한다. 당시 평당 24전에서 4엔 정도였다고 하니, 생각보다 비싸지 않은 공사비로 지어진 것이 틀림없다.

히로시마 물산 진열관은 원자 폭탄 투하 지점 인근에서 완전히 파괴되지 않은 유일한 건물이지만, 바깥에 있는 외장재와 벽돌들이 처참히 무너져 돔 형태의 철골 구조만이 남게 되었다. 히로시마의 시민들은 구조물만이 남은 진열관을 보고 원폭의 비참함이 떠오르기도 하거니와 건물을 보존하는 데에 많은 경제적 부담이 든다는 이유로 건물을 철거할 것을 주장했지만, 히로시마 평화 기념 도시 건설법에 의해 히로시마 평화의 상징으로 남기자는

---

1 독일 과자인 바움쿠헨이 일본 최초로 이곳에서 제조, 판매되었다.

의견도 다수 존재했다. 맨 처음 히로시마 시민들은 건물을 보존하자는 의견에 적극적으로 동참하지 않았지만, 원폭의 피해자였던 카지야마 히로코(楮山ヒロ子)[2]의 일기를 보고 감명을 받은 평화운동가 카와모토 이치로(河本一郎)를 필두로 건물을 보존하자는 운동이 격렬하게 일어, 최종적으로 히로시마 물산 진열관은 1996년 12월 5일 평화 기념비로써 유네스코 세계 문화유산에 등록되었다.

히로시마는 폭발 후의 원폭 돔의 모습을 그대로 보존하고 있다. 심지어 그 당시 흩어진 돌들도 최대한 그 당시 상황을 재현하고 있으니 말이다. 지금

---

2 1살 때 히로시마에 있는 집에서 피폭을 당했다. 15년 후인 1960년에 일기장에 '이 애처로운 물산 진열관만이, 언제까지나 무서운 원폭을 후세에 전해주지 않을까?'라고 적은 글이 평화운동가 카와모토 이치로에게 감명을 주었다. 피폭에 의한 급성백혈병으로 인해 16세에 사망했다.

도 일본 정부는 최대한 원형의 모습을 보존하기 위해 2, 3년 주기로 원폭 돔의 보수 공사를 진행하고 있다. 지금은 건물 안으로 들어갈 수 없게끔 주위에 잔디와 울타리를 깔아 놓았지만, 직접 눈앞에 원폭의 피해를 입은 건물이 생생하게 펼쳐진다는 사실로도 전쟁의 피해를 간접적으로 느낄 수 있었다. 그리고 원폭 돔의 처참한 모습 앞에서 매일매일 살아가고 있는 현실이 얼마나 평화로운지에 대해서 마음 깊숙이 감사를 할 수 있었다.

시민에게 언제나 열려 있는,
히로시마 니시 소방서(広島西消防署)

위치
히로시마 현 히로시마 시 니시 구 미야코마치 43-10(広島市西区都町 43-10)
설계
야마모토 리켄 설계 공방(山本理顕設計工房)
준공
2000년

평화 공원의 원폭 돔 앞 역에서 히로덴으로 7역(시간상으로는 약 30분) 떨어져 있는 칸온마치(観音町) 역 바로 앞에 위치해 있다. 히로시마 시에서 진행된 유명한 건축가를 고용해 공공시설을 정비하자는 '히로시마 2045 평화와 창조 도시' 프로젝트의 일환으로 굉장히 특이한 외관의 소방서이다. 철골 라멘 구조에 빨간색 상자와 유리 루버의 벽이 박혀 있는 듯한 디자인으로 기존에 소방서가 가지고 있던 폐쇄적인 이미지를 탈피해 소방서에 색다른 개방성을 부여했다. 소방서 내의 시스템 또한 개방적이어서 1층 사무실에 견학을 요청하면 출입 금지 구역 이외는 전부 견학이 가능하다. 물론 철골 구조와 안이 훤히 들여다보이는 유리벽 덕분에 대부분의 시설이 관람 가능하다. 말 그대로 '열려 있는' 소방서를 지향했기 때문에 비가 오는 날에는 그 비를 전부 맞아야 한다는 굉장히 웃기고 슬픈 의견도 들을 수 있었다.

일본 3경 중 하나인,
이츠쿠시마 신사(厳島神社)

위치
히로시마 현 하츠카이 시 미야지마쵸 1-1(広島県はつかいし宮島町1-1)

히로시마 역에서 약 1시간 정도 히로덴을 타고 들어가면, 히로덴의 종착역인 히로덴 미야지마구치 역(広電宮島口駅)에 도착하게 된다. 히로덴에서 내려 바로 앞에 있는 선착장에서 다시 유람선을 타고 약 10분간 바다 안쪽으로 들어가면 진짜배기 일본의 자연을 만날 수 있다. 길거리를 아무렇지 않게 걸어다니는 야생 사슴부터 깊은 산 속 정상에 위치해 올라가면 바다가 한눈에 보이는 신사까지…. 일본인과 외국인 구분없이 모두에게 사랑받는 이곳은 히로시마의 '미야지마(宮島)'로, 일본 3경[1] 중 하나로 뽑힌다.

이 미야지마에서 꼭 봐야하는 것이 바로 이츠쿠시마 신사이다. 1996년 유네스코 세계 문화유산에 등록된 이 신사는, 본당, 예배당, 회랑 등 6개의 부분이 일본의 국보로, 14개의 동이 중요 문화재의 공예품으로 지정되어 있다. 593년 스이코 일왕(推古天皇)에 의해 지어지기 시작해, 1168년에 지금과 같은 모습의 물에 떠있는 신비로운 분위기의 신전이 만들어졌다고 한다.

이 이츠쿠시마 신사의 가장 큰 볼거리는 바다 위로 우뚝 서있는 오오도리

---

[1] 나머지 2개는 미야기 현의 마츠시마 섬, 교토 부의 아마노하시다테이다.

이(大鳥居)이다. 사원에서 바다 쪽으로 약 200m 떨어진 곳에 세워져 있는 오오도리이는 1875년 재건된 것이며, 높이는 16.6m, 기둥 사이의 간격은 약 10.9m이다. 기둥은 녹나무를 그대로 사용했고, 사원에서 바라보았을 때 왼쪽 기둥은 큐슈 섬 남동부에 위치한 미야자키 현에서, 오른쪽 기둥은 카가와현에서 수집해왔다. 이 오오도리이는 그 구조물 무게만으로 땅 위에 세워져 있다. 들보 부분 안쪽에 주먹만한 크기의 돌들이 가득 들어있어, 그 돌들의 무게로 파도나 바람으로 부터 오오도리이를 지탱하는 것이다. 나라 현의 카스가 대사, 후쿠이 현의 케히 신궁(気比神宮)과 함께 일본 3대 오오도리이로 꼽히고 있다. 썰물일 때는 오오도리이까지 걸어가서 그 규모를 몸소 체험할 수 있고, 밀물일 때는 오오도리이가 수면에 비친 모습을 볼 수 있다.

히로시마,
나가사키 원자폭탄

2000년대에 초등학교를 다닌 세대라면 한번쯤은 '맨발의 겐'이라는 만화책에 대해서 들어본 적이 있을 것이다.(없으면 한번 검색해보자, 명작이니까!) 하루종일 만화책만 읽던 초등학생 시절, 사서 선생님으로부터 도서관에 새로 들어온 만화책이 있다는 얘기를 듣고 한달음으로 달려가 집었던 책이 바로 '맨발의 겐'이었다. 일본의 일상적인 현대 문화만 접해온 나에게 있어서, 맨발의 겐은 처음으로 잔혹했던 원폭 당시의 일본을 생생히 보여준 책이었다. 원폭 당시의 비참했던 히로시마의 모습, 그 속에서 악착같이 살아가고자 하는 겐의 모습을 보고 도대체 일본에게 어떤 비극적인 역사가 있었기에 책으로 만들 정도인가 싶었다. 아니나 다를까 히로시마 원자 폭탄이라는 인류 역사상 가장 잔인한 배경이 존재했으니 그것에 대해서도 잠시 얘기해보고 싶다.

맨발의 겐의 배경이 된 제2차 세계대전 도중인 1945년으로 되돌아 가보자. 미국의 요구에도 불구하고 일본이 무조건적인 항복을 거부하자 1945년 8월 6일과 9일, 미국은 원자 폭탄 '리틀 보이'와 '팻 맨'을 각각 히로시마와 나가사키에 떨어뜨렸다. 이것들은 일반 시민 학살에 쓰인 첫 원자 폭탄들이고, 원자 폭탄으로 인해 일본의 많은 사람들이 죽었으며 최종적으로 일본의 항복을 이끌어낼 수 있었다.

원자 폭탄이 떨어진 이유를 알기 위해 미국의 맨해튼 핵개발로 조금 더 거슬러 가보자. 당시 미국이 주도하고 영국, 캐나다가 공동으로 참여한 핵폭탄

개발 프로젝트를 맨해튼 계획이라고 일컫는다. 맨해튼 계획은 여러 곳에서 진행되었는데, 우라늄의 정제와 무기의 제조 과정 가운데 중요한 공정들은 오크리지에서, 폭탄의 개발과 관련한 연구는 대부분 로스앨러모스에서 추진되었다. 그리고 그들은 여러 핵실험을 연구하고 개발하여, 1945년 7월에 인류 첫 원자 폭탄 실험인 '트리니티' 실험이 성공하게 된다.

원자 폭탄 투하가 막바지에 다다르자, 원자 폭탄 투하 목표도시 설정 위원회는 일본의 많은 도시들(니가타, 교토, 히로시마, 고쿠라, 나가사키)을 후보로 내걸었고 최종적으로 히로시마와 나가사키를 목표 도시로 정했다. 그들은 원폭 투하 도시를 선정할 때, 폭격으로 일본에게 어느 정도의 정신적 충격을 가할지, 또 국제적으로 얼마나 큰 파장을 일으킬지를 가장 중요시 여겼다고 한다. 당시 히로시마는 산업 도시였으며 군사적으로도 굉장히 중요한 위치에 있었다. 많은 병영이 설치되어 있었으며 일본 영토 남쪽을 총괄해 지휘하는 육군참모 하타 순로쿠의 제 2 육군 사령부가 위치해 있었다. 한편 히로시마는 몇몇 콘크리트 빌딩을 제외하고는 전부 목조 건물이어서 화재에 크게 취약했다. 이러한 점이 히로시마를 원폭 투하 도시 제 1순위[1]로 만든 것이다.

1945년 8월 6일, 히로시마의 아침은 기온은 섭씨 26.7도, 습도 80%의 살짝 구름이 낀 여느 때와 같은 평범한 날씨였다고 한다. 원자 폭탄 투하가 있기 한 시간 전인 7시 9분에 미국 비행편대가 오고 있는 것을 발견한 일본은 공습 경보를 울렸지만, 7시 31분에 비행 기체의 숫자가 적은 것을 확인하고 그 경보는 해제되었다. 그러나 같은 시각에 이미 미국은 히로시마의 기상 상태가 양호하다는 모스 부호를 보낸 후였고 아침 8시 9분 미국의 티베츠 대

---

1 만약 변수가 생기면 이를 대체할 도시로 고쿠라와 나가사키가 있었다. 실제로 8월 6일 히로시마 원폭 투하 후, 9일에 나가사키에도 원폭이 투하되었다.

령은 히로시마에 60kg의 우라늄235가 담긴 원자폭탄 '리틀 보이'를 투하했다. 리틀 보이는 바람 때문에 원래 목적지였던 아이오이 다리(相生橋)에서 240미터 벗어난 히로시마 외과 병원에 투하되었고, 반경 1.6km 이내의 모든 건물을 파괴했다. 그 당시 히로시마 인구의 약 30%인 7~8만명이 즉사하고 7만 여명이 부상을 당했다. 그리고 도시에 있었던 90%의 의사들과 93%의 간호사 또한 사망 또는 중상이었다고 하니, 부상자를 치료할 수 있는 사람이 아무도 없는 상황은 분명히 아비규환이었을 것이다.

리틀 보이 투하 후 히로시마에서 16km 떨어진 일부 철도역들에서 비공식적으로 히로시마에 엄청난 폭탄 투하가 있었다고 보도했으며, 이 보고가 일본 군 참모 본부에 전해지면서 일본 지휘부에 큰 혼란이 일어났다. 그 후

히로시마로 비행기를 파견해 목표를 향해서 3시간 동안 비행을 한 끝에 파견 장교가 히로시마로부터 약 160km 떨어진 곳에서 원폭으로 인한 거대한 연기 구름을 목격했다. 이윽고 히로시마에 도착하자 도시의 모든 것이 불타고 연기에 뒤덮여 있는 상황이 펼쳐졌고 즉시 피해를 보고받은 일본은 원폭의 피해 정도를 측정했다.

원폭 이후 의료 물자 부족 때문에 화상과 피폭 및 관련 질병을 입은 환자들은 부상이 더 심해져 1945년 말 히로시마 원폭 투하로 인해 생긴 총 사망자는 최초로 보고된 7만 명에서 9만 ~ 16.6만 명으로 늘어났다. 그리고 그 일부는 1950년까지 피폭으로 인한 암 등의 장기질환으로 사망한 경우도 있어 최종적인 피해는 약 20만 명으로 추산된다. 또 다른 연구에 의하면 1950년부터 90년까지 일본에서 암과 백혈병으로 죽은 사람들 중 9%가 히로시마 원폭 당시 피폭된 사람들이라고 발표했다. 약 70년이 지난 지금에도 원폭 피해자들과 그들의 2세가 아직도 존재하니, 원자폭탄의 무시무시한 후

폭풍 또한 실감할 수 있다.

당시가 일제 강점기 시대였던 것을 감안하면 원폭의 피해를 입은 한국인 도 상당하다고 짐작할 수 있다. 원폭 피해자 중 한국인 사망자는 4만 명, 생존자는 3만 명에 달한다고 한다.(생존자 중 75%가 한국으로 귀향했다.) 그러나 한국인 원폭 피해자에 대해서는 지원 및 치료는 고사하고 1970년대까지 한국과 일본 양측에서 그 실태가 제대로 조사가 된 적이 없었다. 심지어 일본은 1965년 한일조약의 체결로 이야기가 끝났다는 태도를 보였다. 한국인 원폭 피해자들에 대한 일본의 후속 조치가 굉장히 안타깝다고 느껴지기만 한다. 현재 원폭 피해자와 그들의 2세 피해자들은 협회와 민간단체의 도움으로 일본에서 치료를 받고 있다고 한다.

항상 이야기와 사진으로만 '전쟁은 나쁘다', '많은 피해를 낳는다'라고 귀에 딱지가 앉을 정도로 들어왔다. 그리고 우리 나라가 휴전 상태인 것도 가끔씩은 잊을 정도로 '전쟁'이라는 것은 역사적인 일이지, 실제로는 먼나라 이야기처럼 느껴졌다. 그러나 이번 히로시마 여행으로 원폭 돔과 평화 공원 내의 여러 추모 시설들을 방문하며 실제 피폭을 입은 벽돌이나 그 당시 피해자들이 입은 옷 등을 보면서 전쟁의 잔인함을 뼈져리게 실감하였다. 히로시마 여행은 건축물 탐방으로 한없이 즐겁기만 할 줄 알았지만, 전쟁이 없는 세계가 빨리 이룩되었으면 하는 희망과 아픔 또한 간직하게 해준 소중한 경험이 되었다.

일본 건축과 모더니즘 건축의 융합, 단게 겐조

일본이라는 나라는 미국, 또는 유럽 어느 나라와 견주어도 절대 지지 않을 정도로 세계에서 인정받는 건축의 강국이다. 그렇다면 일본은 언제부터 세계적으로 인정받는 건축의 나라가 되었을까? 시대를 거슬러 올라가 확인해보면 히로시마 평화 기념 자료관을 지은 '단게 겐조'가 바로 세계에 일본이라는 나라를 건축으로서 알리게 해준 사람이다. 단게 겐조(丹下健三)는 1913년 9월 4일 오사카에서 태어난 건축가로, '세계의 단게(世界の丹下)'라고 불릴 정도로 20세기의 가장 중요한 건축가 중 한 사람이자 일본에서 처음 세계로 진출한 건축가이다. 1987년에는 일본인 최초로 프리츠커상을 수상하였다고 하니, 이미 그 결과만으로도 세계의 단게라는 말이 이해가 된다. 그리고 그는 현 일본 건축가 협회인 일본건축가협회(日本建築家協会)의 초대회장이 되기도 하였다.

단게 겐조는 어린 시절, 스미토모 은행의 사원이었던 아버지의 전근으로 한커우와 상하이 등의 중국 도시들에서 유년 시절을 보냈다. 그러나 친척 중 한 분이 돌아가신 것을 알게 된 그의 가족은 모든 짐을 싸서 일본 에히메현 이마바리 시로 돌아왔다. 중학교를 마친 뒤에 단게는 1930년 고등학교 입학을 위해 히로시마로 이사를 가게 되었고, 이곳에서 그는 우연히 르 코르뷔지에의 '소비에트 궁전'이 담긴 기사를 접하게 된다. 그의 설계를 보고 어마어마한 충격을 받은 단게는 그것을 계기로 건축가의 길을 걷기로 마음을 먹었다. 그는 고등학교 졸업 후에 대학 입시 준비기간 2년을 흘려보냈고, 그 기간 동안 그는 서양 철학에 관한 많은 책들을 읽거나 니혼 대학 예술학부에 입학해 영화를 전공하거나 했는데 사실 징병을 회피하기 위한 것이었고, 학교에 거의 나가지 않았다고 한다.

1935년, 단게는 전문적으로 건축을 공부하기 위해 도쿄제국대학(현 도쿄대학) 건축학과에 입학했고, 졸업 후에는 마에가와 구니오의 사무실에서 정식으로 건축 실무를 시작했다. 그러나 제 2차 세계대전이 시작되고, 사무실을 퇴사한 단게는 대학원생 자격으로 다시 도쿄대학에 입학했다. 그는 이 무렵 도시설계에 대해 지대한 관심을 갖게 되었으나, 자료가 한정되어 있어 일단 그리스와 로마의 상업지역에 대한 연구부터 시작했다. 1946년 그는 도쿄대학의 조교수가 되었고, 그만의 건축 연구소인 단게 건축 연구소를 설립하였다. 이 연구소에서 단게는 쿠로가와 키쇼, 이소자키 아라타, 마키 후미히코 등 일본 건축계를 이끈 최고의 건축가들을 배출했다.

단게 건축의 특징은 일본의 전통 건축과 서구, 특히 르 코르뷔지에의 모더니즘 건축을 융합한 일본의 새로운 건축을 만들어냈다는 것이다. 그는 일본의 역사를 깊이 이해한 뒤에 세계의 흐름을 과감히 받아들여 본인만의 작품을 만들어냈다. 그의 디자인 방법론은 기능주의와 구조주의를 모두 포괄하고 있어, '기능의 구조화와 상징화'를 동시에 실현할 수 있었다. 특히, 그의 최고의 걸작이라고 할 수 있는 도쿄 요요기 경기장을 통해서 처음으로 일본 건축이 세계로부터 인정받게 되었다. 그리고 또 하나, 건축과 도시의 관계성을 파악하려고 노력한 뒤 건축물에 적용했다는 점이 단게의 특징으로 꼽힌다. 서울과 부산의 느낌이 다르듯, 도쿄와 히로시마의 도시적 느낌 또한 다르므로 양측에 짓는 건축물은 달라지게 된다. 「도쿄 계획 1960 : 구조 개혁을 향하여」를 통해 건축과 도시를 구조적인 측면에서 분석하여 끊임없는 변화를 수용할 수 있는 도시 형식을 제안할 정도로 그는 건축부터 도시계획까지 폭넓게 바라보았다. 일본의 근대건축은 제 2차 세계대전 전에도 서양의 선진국가들과 비교해도 손색없는 정도였다고 여겨지지만, 단게의 작품으로 인해 일본 건축에 대한 명성이 한층 높아지지 않았을까?

　건축에 있어서 동양이 대단한가, 서양이 대단한가. 언제나 나는 이런 이중잣대로 문화, 특히 건축을 판단해 온 경향이 있었다. 그러나 단게는 자신 나름대로 동서양의 조화에 대해 해석하는 등 건축부터 도시까지 끊임없이 탐구하는 도전정신이 있었기 때문에, 지금까지도 세계적으로 인정을 받는 최고의 건축가가 될 수 있지 않았나 싶다. 특히 그의 대표작인 히로시마 평화 공원은, 전 세계에 '평화'라는 이름으로 후손들에게 전해질 것이다.

요요기 경기장

도쿄 도청

참
고
문
헌

히로시마 시내를 바라보고 있는, 히로시마 현대 미술관

www.hiroshima-moca.jp/about

arch-hiroshima.info/arch/hiroshima/moca.html

www.kisho.co.jp/page/109.html

namu.wiki/w/%ED%8F%AC%EC%8A%A4%ED%8A%B8%EB%AA%A8%EB%8D%94%EB%8B%88%EC%A6%98

히로시마를 넘어서 세계 평화의 상징인, 히로시마 평화 공원

ja.wikipedia.org/wiki/%E5%9B%BD%E7%AB%8B%E5%BA%83%E5%B3%B6%E5%8E%9F%E7%88%86%E6%AD%BB%E6%B2%A1%E8%80%85%E8%BF%BD%E6%82%BC%E5%B9%B3%E5%92%8C%E7%A5%88%E5%BF%B5%E9%A4%A8

pbacweb.jp/introduction/h201107.html

ja.wikipedia.org/wiki/%E5%BA%83%E5%B3%B6%E5%B9%B3%E5%92%8C%E8%A8%98%E5%BF%B5%E9%83%BD%E5%B8%82%E5%BB%BA%E8%A8%AD%E6%B3%95

www.city.hiroshima.lg.jp/www/gikai/contents/1267685864348/index.html

arch-hiroshima.info/arch/hiroshima/p-museum.html

더 이상 전쟁 없는 세상을 바라는, 세계 평화 기념 성당

ko.wikipedia.org/wiki/%EB%AA%85%EB%8F%99%EC%84%B1%EB%8B%B9

ja.wikipedia.org/wiki/%E4%B8%96%E7%95%8C%E5%B9%B3%E5%92%8C%E8%A8%98%E5%BF%B5%E8%81%96%E5%A0%82

ikidane-nippon.com/ko/interest/memorial-cathedral-for-world-peace

www.facebook.com/notes/%EC%9D%B4%EC%A3%BC%EC%9D%80/%EB%A1%9C%EB%A7%88%EB%84%A4%EC%8A%A4%ED%81%AC-%EA%B1%B4%EC%B6%95%EA%B3%BC-%EA%B3%A0%EB%94%95-%EA%B1%B4%EC%B6%95-%EA%B5%AC%EB%B6%84%ED%95%98%EB%8A%94-%EB%2%95/486198218079600

arch-hiroshima.info/arch/hiroshima/p_cathedral.html

noboricho.catholic.hiroshima.jp/?page_id=15

원폭의 아픔을 그대로 남긴 원폭 돔, 히로시마 평화 기념비

ja.wikipedia.org/wiki/%E5%8E%9F%E7%88%86%E3%83%89%E3%83%BC-C%E3%83%A0

참
고
문
헌

시민에게 언제나 열려 있는, 히로시마 니시 소방서

zubora.daa.jp/blog/archives/2005/08/2000_2.html

arch-hiroshima.main.jp/main/a-map/hiroshima/firesta.html

일본 3경 중 하나인, 이츠쿠시마 신사

ikidane-nippon.com/ko/interest/itsukushima-jinja

ja.wikipedia.org/wiki/%E5%8E%B3%E5%B3%B6%E7%A5%9E%E7%A4%BE

ko.wikipedia.org/wiki/%EB%8F%84%EB%A6%AC%EC%9D%B4

히로시마, 나가사키 원자폭탄

ko.wikipedia.org/wiki/%ED%9E%88%EB%A1%9C%EC%8B%9C%EB%A7%8
8%C2%B7%EB%82%98%EA%B0%80%EC%82%AC%ED%82%A4_%EC%9B
%90%EC%9E%90%ED%8F%AD%ED%83%84_%ED%88%AC%ED%95%98

ko.wikipedia.org/wiki/%EB%A7%A8%ED%95%B4%ED%8A%BC_%EA%B3%8
4%ED%9A%8D

terms.naver.com/entry.nhn?docId=1185391&cid=40942&categoryId=39955

일본 건축과 모더니즘 건축의 융합, 단게 겐조

ko.wikipedia.org/wiki/%EB%8B%A8%EA%B2%8C_%EA%B2%90%EC%A1
%B0

www.mirainoshitenclassic.com/2016/12/architecture.html

samsungblueprint.tistory.com/1004

www.tangeweb.com/dna/chapter-1

The Construction Business Journal / 2001. 11 / 김석철(건축가, 베네치아대학·콜
럼비아대학 초빙 교수)

에필로그

건축을 배우는 동안 나에게 있어서 가장 큰 딜레마는 '건축은 왜 그림으로만 이루어져 있는가'였다. 유치원 때 해본 색칠공부가 전부였던 나에게, 건축학과에 입학하자마자 쏟아지는 드로잉 및 설계 과제들. 새로운 건축물을 직접 그림으로서 만들어 내야 하는 것은 너무나 혹독한 일이었다. 내가 그린 도면 몇 장, 투시도 몇 장으로 며칠 밤을 새면서 만든 내 자식과 같은 건축물이 판단된다니. 그림 실력이 그리 뛰어나지 않은 것을 알기에 매번 내 자신을 자책하면서 실력이 없는 나는 건축을 그만 두어야 하나, 라고 매일같이 생각했다.

그림을 못 그리는 것에 대한 반발심이었을까, 나는 건축물을 찾아 여러 곳으로 여행을 떠나기 시작했다. 그리고 나는 서로의 건축 및 디자인 작품을 공유하는 건축 플랫폼 '필디(feeel;d)'에 에디터로서 내 설계 과제가 아닌, 직접 여행한 도시와 그 도시에서 만난 건축물에 대해서 간단히 적기 시작했다. 그림이 아닌 글과 사진으로 내가 느끼는 건축을 표현해 보겠다는 마음이었다. 처음에는 일본 건축에 대해서 적다가 점점 스케일이 커져 프랑스나 독일같은 유럽 건축물에 대해서도 적기 시작했다. 작품 공유 플랫폼에 개인 블로그처럼 여행기를 적으니 과연 많은 사람들이 사랑해줄까 걱정이 이만저만이 아니었지만, 지금은 나름 조회수 3000건을 넘는 인기(?) 에디터가 되었다.

건축 플랫폼에 올리던 그냥 소소한 글이었을 뿐인데, 내 글을 좋아해주는 사람들이 생겼고, 심지어 지금은 건축 여행에 대한 이 책을 적고 있다. 평범하게 여행을 좋아하는 건축학도에서 글을 적는 사람으로, 한 발 성장한 느낌이었다. 맨 처음에 건축 여행에 관련한 집필 제의가 들어왔을 때 간사이 지방으로 또 여행을 가야하나 싶어 근심 걱정이 가득했지만, 취재를 위해 시간을 쪼개서 여행을 떠나 보니 모든 일에 지쳐 있던 나에게 여행이라는 존재는 꼭 필요했다는 것을 다시 한 번 깨달았다.

'건축은 넓어진 견문을 통해 쌓아올려지는 경험의 산물이라 믿습니다.' 설계를 시작하는 후배들에게 요즘 들어서 하는 첫 조언이다. 멋진 건축 계획과 훌륭한 투시도를 만드는 것이 건축의 전부가 아니라는 것을 여행을 통해 뼈저리게 깨달았기 때문이다. 많은 건축물을 보면서 자신 나름대로 재해석하여 받아들인 다음, 자기 자신만의 가치관을 확립해간다. 궁극적으로 그 가치관은 나만의 '건축'을 탄생시키는 초석이 될 것이다. 어떻게 보면 그림이 그리기 싫어서 떠났던 여행이, 지금의 나로 성장하게 만든 것과 같은 이치일 것이다.

다른 책 머릿말을 보면 어찌 감사하다는 말이 많은지… 라는 생각을 했지만 막상 적으려고 하니 너무나 감사한 존재들이 한 둘이 아니다. 먼저 에디터 활동으로 나에게 글쟁이라는 새로운 인생(?)을 열어준 건축 플랫폼 필디에게 큰 감사를 전한다. 그리고 멋진 글은 아니지만 집필 제의를 해주시고 언제나 따뜻하게 대해 주셨던 J&jj의 한윤지 님과 윤지선 님, 언젠가 네가 글을 적을 줄 알았다며 흐뭇해하시던 가족, 필디의 포스팅을 봐주면서 끊임없는 조언과 응원을 준 친구들에게도 사랑한다고 전하고 싶다. 마지막으로 지금의 나로 성장시켜준 모든 건축물들과 만난 인연들에게 감사의 인사를 바친다.

굳이 건축이 큰 테마가 아니더라도 여행을 떠나자. 여행은 여러분을 여러분답게 만들 최고의 요소이다.

전통과 모던의 균형, 일본 건축

함께 걷는 건축 여행,
일본 간사이로 가자

1판 1쇄 인쇄 2018년 9월 5일
1판 1쇄 발행 2018년 9월 10일

—

지 은 이 이다경
발 행 인 이미옥
발 행 처 J&jj
정   가 18,000원
등 록 일 2014년 5월 2일
등록번호 220-90-18139
주   소 (03979) 서울 마포구 성미산로 23길 72 (연남동)
전화번호 (02) 447-3157~8
팩스번호 (02) 447-3159

—

979-11-86972-38-0 (03910)
J-18-07

www.jnjj.co.kr

Book · Character · Goods · Advertisement · Graphic · Marketing · Brand consulting

D · J · I
BOOKS
DESIGN
STUDIO

facebook.com/djidesign

D · J · I BOOKS DESIGN STUDIO

내일의 디자인
더 나은 디자인

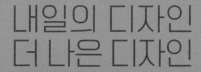

D·J·I BOOKS
DESIGN STUDIO

- 디제이아이 북스 디자인 스튜디오 -

BOOK·CHARACTER·GOODS·ADVERTISEMENT
GRAPHIC·MARKETING·BRAND CONSULTING

FACEBOOK.COM/DJIDESIGN